Weniger, aber Meer

Weniger, aber Meer

Von der unerreichbaren
Gelassenheit auf Ibiza

Gebrauchslyrik

Marianne Hartwig

Bibliografische Information Der Deutschen Bibliothek:
Die Deutsche Bibliothek verzeichnet diese Publikation in der
Deutschen Nationalbibliographie; detaillierte bibliografische
Daten sind im Internet über <http://dnb.ddb.de> abrufbar.

Copyright © 2015 Marianne Hartwig
Layout und Gestaltung: Chris von Gagern (www.art-transfer.net)
Umschlag: Gemälde von Mariet Oepkes, *Seascape*, 70 x
100 cm, 2010
Herstellung und Verlag: Books on Demand GmbH, Norderstedt
ISBN: 978-3-7347-7152-1

…zum Glück gibt es ein oder zwei Dutzend Lyriker – ich hoffe fest, mit dabei zu sein – die bemüht sind, das Gedicht am Leben zu erhalten. Ihre Verse kann das Publikum lesen und hören ohne einzuschlafen, denn sie sind seelisch verwendbar. Sie wurden im Umgang mit Freuden und Schmerzen der Gegenwart notiert… Man hat für diese Art von Gedichten die Bezeichnung „Gebrauchslyrik" erfunden… Es gibt wieder Verse, bei denen auch der literarisch unverdorbene Mensch Herzklopfen kriegt oder froh in die leere Stube lächelt…

Erich Kästner

Inhalt

Vorwort

Chris von Gagern

Marianne Hartwigs als ‚Gebrauchslyrik' bezeichnete Gedichte unter dem Titel ‚Weniger, aber Meer' präsentieren sich erneut in der Reihenfolge ihrer Entstehung im Zeitraum etwa eines Jahres. Ohne thematische Unterteilung, nimmt die Sammlung die Form einer Chronik an.

Der Begriff Gebrauchslyrik wurde 1927 von Bertolt Brecht geprägt. In den zwanziger Jahren entsprach die „Neue Sachlichkeit" moderner Abgrenzung vom Pathos des Expressionismus. Mit dieser Ausdrucksform änderte sich die Haltung des Lyrischen Ichs vom Ausdruck romantischer Ergriffenheit zum distanzierten Beobachten von Begebenheiten, der Erzählkunst nah verwandt.

Meist wurden Gedichte als Gebrauchslyrik bezeichnet, die zu bestimmtem Zweck geschrieben wurden. Oft handeln sie von Problemen und machen den Leser auf Missstände aufmerksam. Wie in der Neuen Sachlichkeit üblich, wurde alles in einer schlichten und geradlinigen Sprache formuliert. In den 1920er Jahren bedienten sich der Ausdrucksform so bekannte Vertreter wie Bertolt Brecht, Kurt Tucholsky, Ringelnatz und Erich Kästner. Aber auch in neuer Zeit entstehen vermehrt erzählende Gedichtsammlungen mit dieser Genrebezeichnung.

Marianne Hartwig konzentriert sich bei ihren Beobachtungen ganz auf ihre Wahlheimat. Jeden Tag mit offenen Augen durch Ibiza gehen, Ereignisse und Situationen aufnehmen und später in Worte umsetzen – so entstehen mit hohem sprachlichen Feingefühl ihre erzählenden Gedichte. Mit Vorliebe befasst sie sich dabei mit der inseltypischen Natur, besonders dem Meer und den Katzen, mit denen sie sich umgibt.

‚Weniger, aber Meer' war das ironische Motto ihrer nun schon Jahrzehnte zurückliegenden Übersiedlung auf die Mittelmeerinsel. Mehr als eine Bestandsaufnahme, sind sie kritische Liebeserklärungen an Ibiza, ein Bekenntnis zu ihrem Leben im Süden, auch wenn es mit gewisser Einschränkung und Unsicherheit verbunden sein sollte.

Ibiza, Dezember 2014

Weniger, aber Meer

Ein weites Feld

Wenn jemand glaubt
Sich hier wiederzuerkennen - ganz augenfällig
Dann sei der vielzitierte Hinweis erlaubt:
Jede Übereinstimmung ist zwar zufällig

Jedoch ist in Betracht zu ziehen - sozusagen
Dass bestimmte Verhaltens-Muster
Verbreiteter sind als der Beruf Schuster
Und so lässt sich mit Unfug und Recht sagen:
Danke für die Anregungen, sie sind für den Reimer so wichtig
wie für den Maler Farben

Manchmal scheint neben den Farben
Auch Auf-den-Kopf-Stellen ein Hilfsmittel zu sein
Wenn es denn nun gefällt …
Aber das ist ein weites Feld.

Richtig Sinn

Gedichte lesen sei eine unpassende Beschäftigung
Meinte schon Erich Kästner
Verbunden mit Freuden und Schmerzen der Gegenwart
    allerdings ein Reichtum
Kästner zu lieben fällt nicht schwer

Gebrauchs-Lyrik würde man das nennen
Und: „Es gibt Verse bei denen der literarisch Unverdorbene
    Herzklopfen kriegt"
Bei denen könne man erkennen
„Ob man wieder froh in die Stube lächelt, durch die
ein Sonnenstrahl fliegt"

Und weil ich von Beruf doch Kunsthandwerkerin bin
Macht Handwerk und Kunst und Poesie richtig Sinn…

Erst das Leben, dann das Schreiben

Einen Menschen in seinem Wortversteck aufzuspüren
Ist nicht nur spannend
Es bereitet Lust
Wie Leselust
Setzt es Neugierde voraus
Geduld, Spürsinn, Witterung
Vertrauen in die Erkenntnis:
"Erst das Leben, dann das Schreiben".*

* Herman Melville

In Ruhe lassen

Wenn Erinnerung das ist
Was wir meinten vergessen zu haben
Ist Vergessen eine wunderbare List
Uns selbst zu erfreuen mit den Erinnerungsgaben

Die wir uns genüsslich servieren
Die unerfreulichen haben wir verschönt oder aussortiert
Wer will sich schon vor sich selbst blamieren
Wie sind wir doch tüchtig und talentiert

Darin sie zu vergraben in unzugänglichen Schichten
Bis sie plötzlich ihr Verließ verlassen
Im Glücksfall entstehen aus ihnen Geschichten
Mit manchen muss man sich befassen, bis sie einen in
    Ruhe lassen.

Weniger, aber Meer

Immer warst du insel-süchtig
Ein Inselurlaub - Anreise per Schiff
Machte dich sehnsüchtig - beglückte dich
Für einen Großstädter war es der Inbegriff

Von kleiner, heiler Welt
War überschaubar – das einfache Leben
Oft unter freiem Himmel – ein Zelt
Um sich Meer, Sonne und Nichtstun hinzugeben

Deinen Inseltraum hast du realisiert
Du wolltet weniger, aber Meer
Wie immer zog ich mit dir – umzugsroutiniert
Doch nach einer langen Weile wolltest du auch das
    Meer nicht mehr
Da blieb ich einfach hier

Auf deiner Insel – mit dir und den Tieren
Du bist jetzt in der jenseitigen Welt
Wenn sie dir nicht mehr gefällt
Kannst du ja immer noch reinkarnieren…

Es flirtet immer mit der Trauer

Was als Überlebenshilfe begann
Ist zu einem Tagesprogramm geworden
Der Tag fängt oft mit Träumereien an
Und schon am Morgen

Helfen Wortmelodien
Die Arbeit zu beginnen
Nicht vor dem Alltag zu entfliehen
Sich auf all das zu besinnen

Was mit Hilfe von Ideen und Konzentration
Den Alltags-Rhythmus mitbestimmt
Ganz früh schon
Ist es die Natur, die dem Morgen die Wehmut nimmt

Auf dem gewohnten Platz mit Blick ins Tal
Von Pinien umgeben – gleichbleibend, vertraut
Sitze ich, um immer wieder, wie in einem Ritual
Wortmelodien einzufangen, ihren Klang, ihren Laut

Und dankbar ohne zu lamentieren
Denke ich: So ist sie also, die Gegenwart
Ich habe außer dem Leben nichts zu verlieren
Und Frieden geschlossen mit der Vergangenheit, auf
    meine Art

Hält die Zukunft noch Überraschungen bereit?
Bestimmt. Doch die Gegenwart ist zur Zeit
Von Erwartungen befreit
Jedenfalls von denen zu zweit

Ein Glückszustand im Hexenkreis
Von kurzer Dauer
Denn wer das Glück kennt weiß:
Es flirtet immer mit der Trauer.

Idealisieren

Am Morgen begrüße ich die Gedanken
Die täglich meinen Weg begleiten
Wir nennen sie Erinnerung und verdanken
Ihnen die Fähigkeit, neue Pfade zu beschreiten

Träume begleiten sie
Unterwegs durch den Tag
Wie ein Ritual oder eine Zeremonie
Was immer kommen mag

Ich würde die gemeinsame Reise wieder riskieren
Und – wie jemand richtig sagt – sie am Ende idealisieren.

Zwischenraum

Die Stille fühlt sich an wie ein Schwarm schwarzer Vögel
Eher geheimnisvoll als beängstigend
Der sich lautlos bewegt vor einem hellen Nebel-Segel
Eine tiefe Nacht, in der im Tal kein einziges Licht mehr brennt

Es sind nur die Pinienäste, die flüsternd wehen
Eine tiefhängende Wolke in Segelgestalt
Lässt das Wachbild entstehen
Vielleicht bin ich in einem Bild gefangen von den Sternen
    angestrahlt?

Oder in einem Traum?
Egal, hier will ich eine Weile bleiben
In diesem Zwischenraum
Mit den Nacht-Geistern, die mir die Zeit vertreiben.

Glaube an Wunder

Unter dem Dach der Erinnerung fühle ich mich zu Hause
Die ungebetenen Gäste verjage ich
Sie besuchen mich seltener, die Abwehr hat genützt
Auch Leid macht erfinderisch

Um immerwährend Klagende mache ich einen Bogen
Die Freudenspender fordere ich auf zu bleiben
Ich bin eine gute Gastgeberin – wohlerzogen
Nicht Erwünschte zu vertreiben

Gehört sich nicht
Und doch erlaube ich mir den Hinweis in jedem Augenblick:
Von Freude und Leid werden wir erwischt
Es ist vergänglich – wie das Glück

Glaube an Wunder! Sie kehren wie die Erinnerung zurück.

Wunscherfüllung

Nun entfaltet der Frühling wieder seine Pracht
Das vierte Mal seitdem es dich nicht mehr gibt
Seit dieser Zeit und mit aller Macht
Wehre ich mich gegen Lockrufe des Lebens für den, der
    noch liebt

Die *casita* bietet Schutz, ist ein Erinnerungs-Schatz
Manchmal schaue ich auf mich von weit her
Was für einen besonderen Platz
Hatten wir uns ausgesucht - so nahe am Meer

Dann sehe ich dich, wir machen eine Blumenbegehung
So nanntest du das und nahmst mich an der Hand
So als gäbe es noch ganz viel Hoffnung
Hand in Hand blieben wir dann stehen, am Terrassen-Rand

Wo alle unsere Tiere begraben sind, Buri sich gerne sonnte
Hier möchte auch ich später einmal sein
Dachtest du dann so laut, dass ich es hören konnte
Das Schicksal hat dir diesen Wunsch erfüllt, jetzt bin ich
    mit ihm allein…

Bilder- und Geschichten-Erfinder

Eine leuchtende Blütenexplosion
Die Insel nach vier Tagen Regen
Ist eine Farben-Fest-Attraktion
Mairegen bringt nicht nur Segen

Sondern auch rote Erde aus Afrika
Und viele Touristen wie in jedem Jahr
Die lieben das Insel-Nachtleben, vor allem das Pacha
Die Farben, ach ja, die sind auch noch da

Und natürlich das Meer
Kamen früher nicht vor allem Bilder- und Geschichten
    Erfinder her?

Und ist sie nicht das was sie immer war:
Eine Naturschönheit, die ihre Bewunderer erträgt – ein paar
    Monate im Jahr.

Im Dämmerlicht

Einen Glücksaugenblick festzuhalten
Ist wie aus der Zeit zu fallen

So soll es sein, so soll es bleiben
Auf dem spiegelglatten Meer dahinzutreiben

Ohne Rückblick nur zu gleiten
Und von weitem

Gewahr zu werden, wie Wasser und Himmel ineinander
    übergehen
Einfach nur fast bewegungslos zuzusehen

Doch dann ist der Strand kaum noch zu sehen
Jetzt unterzugehen

Nur noch zu sinken
Da plötzlich sehe ich in Formentera den Leuchtturm
blinken

Den erreiche ich nicht
Aber wenn die Kräfte reichen Pou des Lleó im Dämmerlicht.

Dorfbewohner

Wie kannst du ständig auf einer Insel leben
Fragte ein alter Freund mitleidig
Nur von Himmel und Wasser umgeben
Bist du nicht immer geflüchtet vor falscher Romantik?

Als Weltreisender ist er einmal hier auf der Insel gestrandet
Jetzt verstehe ich, meinte er, es geht um die Moral
Du bist wieder in einem Dorf gelandet
Nur die Dorfbewohner sind jetzt international
Und aus Toleranzgründen maximal liberal.

Kein Land in Sicht

Auf den Wellen schaukele ich
Noch gibt es Vorrat
Die Katzen wärmen mich
Mit ihnen teile ich den letzten Zwieback

Möwen umkreisen uns im Morgenrot
Doch es ist kein Land in Sicht
Schreiben im Rettungsboot
Seltsam, ich fürchte mich nicht

Beim Aufwachen spüre ich den intensiven Geschmack
Von Salzwasser und Zwieback.

Gleichmut

Manchmal geht mir ein Wort nicht aus dem Sinn
Es ist wie eine Tagesbegleiterin

Fällt aus dem Kontext, bleibt einfach haften
Als wollte es eine Stimmung auskundschaften

Ich baue es in meinen Alltag-Rhythmus ein
Es passt, ist wie ein Tages-Meilenstein

Ich bin nicht auf der Hut
Es tut nur gut
das Wort – das Gefühl – Gleichmut.

Que lujo

Nach vier Mai-Regen-Tagen
Ein Fest von Farben

Ich fahre zum Meer
Von überall her

Leuchtet, schillert und gurrt es
Keine Tristesse

An der Cala Martina versinke ich im Sand
Que lujo! Prompt ein Sonnenbrand.

Sonntagskind

Das Schicksal hat mich mit Freunden verwöhnt
Womit habe ich sie verdient?
Frage ich dann und wann - fast beschämt
Die Antwort ist so leicht wie der Wind:
Ich habe Vertrauen zu ihnen wie einst als Kind
als ich mich fühlte wie ein Sonntagskind.

Lebewesen

Die Schöne im Innenhof
Breitet weit ihre Fächer aus
Ich spreche mit ihr – oft
Frage: Fühlst du dich wohl im *campo*-Haus

Und ob sie ihn genießt
Den geschützten Platz
Mit Blick in den Himmel und wenn es gießt
All das köstliche Nass

Für sie ganz allein im Innen-Hof-Garten
Sie ist eine Schönheit
Ihre Wurzeln haben ihr verraten:
Da gibt es eine Zisterne - nicht sehr weit

Der kürzeste Weg ist quer durch die Küche
Da wölbt sich der Boden natürlich beträchtlich
Und manchmal hört sie leise Flüche
Vom Mitbewohner, denn der sieht das täglich

Wie sich die Schöne sonnt
und sich am Zisternenwasser labt - heimlich
An die Dreistigkeit der Katzen ist sie gewohnt
Auch diese Naturschönheit ist keineswegs altruistisch

Sie haben beschlossen, sich gegenseitig anzuerkennen
Der menschliche Hausbewohner genießt den Schatten,
    den die Schöne spendet
Und sie darf sich einen Umweg suchen, der natürlich
    in der Zisterne endet
Auch Palmen sind Lebewesen, die das können, was
    Menschen denken nennen.

Mit Farbe und Pinsel

Alles was man anstreichen kann
Wird weiß angemalt
Nur wenig entgeht dem Streichzwang
Der rote Regen käme bald

Er kommt immer im Mai
Abhalten kann er mich nicht
Denn ist die Mal-Lust erst vorbei
Und alles erstrahlt weiß im Frühsommer-Licht

Schaue ich zufrieden ins *campo*
Wie Kleinode glitzern die Häuser in der Landschaft
Schon immer war das so
Alljährlich wurde gekalkt und gewissenhaft

Alle *fincas* instand gehalten
Weiße Häuser auf der grünen Insel
Ein Juwel wird erhalten
Mit Farbe und Pinsel.

Als ob wir das nicht wüssten

An den *chiringuitos* wird gestrichen und gebastelt
Wie eine Oase ist die kleine Bucht
Versteckt hinter einer Krüppelkiefer betrachte ich den
    Ausschnitt meiner kleinen Inselwelt
Frühlingsduft, nur eine Eidechse huscht und sucht

Zwischen Algen und kleinstem Strandgetier
Hola, meine Freundin, bald sitzen hier
Viele sonnenhungrige Touristen
Wir beide sind heute Glückspilze, als ob wir das nicht
    wüssten…

An der Kette

Der Nachbar ist ein Jägersmann
Er jagt, was man nicht glauben kann:

Junge Hasen im Kaninchenstall im Winter eingeschlossen
Werden im Frühjahr ausgesetzt und im Herbst abgeschossen

Seine Jagdhunde liegen so lange an der Kette bis sie
     irgendwann
Losgelassen werden zum Hasenjagen vom Jägersmann.

Man kann's auch übertreiben

Weil in meiner alten *finca* manchmal Gäste wohnen
Die soviel Euros dalassen
Dass die Instandsetzungen sich lohnen
Und ich alle gesund und sattkriegen kann - die zugelaufenen
    Katzen

Ordne ich mich in lange Warteschlangen ein mit vielen
    Unterlagen
Ich darf jetzt beruhigt im Holzhaus wohnen – tagaus, tagein
Muss keine Angst vor *multas* haben und darf zum Insel-
    Budget beitragen
Wie fein

Da sitze ich mit all den Formularen in den Händen
Denn ich habe erkannt
Dass nicht nur 5-Sterne-Hotel-Erbauer großzügig spenden
Für den Erhalt von hohem Insel-Lebens-Stand

Damit sich die aus den Steuer-Oasen Geflüchteten jetzt
    hier die Zeit vertreiben
Wie? Blumenkinder und Künstler lebten einmal auf der
    Insel fast ohne Geld
Man kann's auch übertreiben.

Schicksal

Wieder einmal wurde ein alter großer Hund ausgesetzt
Das heißt, man hatte ihn in einem Stall vergessen
Eine Freundin mit vielen Tieren und großem Herz
Hat ihn zu sich genommen, fast hätten ihn die Zecken
    aufgefressen

A1s Mensch in einen Stall gesperrt
Kann man sich zur Not befreien
Ein Tier, das sich nicht wehrt
Wie soll man dem Besitzer verzeihen?

Vielleicht wird das Schicksal ihn irgendwann
So einsperren, dass er sich aus eigener Kraft nicht mehr
    befreien kann.

Auf Erden

Wenn mein Sohn mich einmal fragen wird
Sag Mom, hast du dich da nicht geirrt

Du könntest das alles doch verscherbeln
In einer Luxuswohnung wohnen, die würde ich dann erben

Dann sage ich, störrisch wie ich immer war:
Mein lieber Sohn, das ist zwar wahr

Doch in der Luxuswohnung würden sich nicht nur die
    Katzen langweilen
Und ich könnte nicht von Baustelle zu Baustelle eilen

Und vor allem – wer liefert mir die Geschichten
Die mich schon morgens anregen zum Dichten

Mit anderen Worten, die Frage stellt sich nicht
Denn die Antwort ist – wie du liest – ein Gedicht
Du wirst vielleicht wie dein Vater ein *finca*-Hocker werden
Es gibt seltsame Erbanlagen auf Erden.

Not macht erfinderisch

Auf der Insel lässt man sich jetzt viele neue *multas* einfallen
Die werden nach langen Diskussionen und bei Sofortzahlung
    reduziert – ganz erheblich
Je nach Bereitwilligkeit und Gefallen

Als schon lange hier residierende Ausländerin brauche ich
    jetzt einen spanischen Führerschein
Der internationale sei eben nicht spanisch
Meine Ausführungen leuchten den jungen *Guardia-
    Civil*isten nicht ein
Ich wehre mich trotzdem hartnäckig und freundlich

Weil ich weiß, dass ihr Dienst um 14 Uhr beendet ist
Feilsche ich beharrlich auch noch nach Dienstschluss
Ca. einen Cent pro Minute bis die *multa* halbiert ist
Danach gibt es wenig Chancen und viel Verdruss

Noch immer gefällt sie mir - die spanische Mentalität
Und in Krisenzeiten heißt es sparen
Inzwischen aus erfinderischer Not eine Spezialität
Schließlich kenne ich mich ein wenig aus – nach fast 30 Jahren.

Verzicht

Sie nannte ihn *finca*-Hocker - das gefiel ihm
Er hockte stundenlang da, schaute ins Tal
Langweilte sich keine Sekunde, wie es schien
Und jedes Mal

Wenn es jenseits der Stille in den Pinien flüstert
Scheinen die Insel-Geister leise zu singen
Eidechsen huschen, es raschelt und knistert
Nur einem *finca*-Hocker kann es gelingen

Die alten Geschichten zu verstehen
Auf der Mauer sitzend unter dem alten Olivenbaum
Die junge schöne Francisca zu sehen
Wie sie in diesem begrenzten Lebensraum

Zuhause war
Ohne Verlangen in die Ferne zu schweifen
Nur schauend ist diese kleine Welt zu begreifen
Voller Wunder und Wandel im Sonnenlicht
Auf der Suche nach Seelenfrieden – mit Wehmut und
    Verzicht.

Unerwünschter Besuch

Dem Wiedehopf begegne ich oft abends im Dämmerlicht
In der Nähe von Nachbars *balsa* ist seine Wohnung
Er ist ein Schöner, singen kann er nicht
Das heißt, Papa Wiedehopf kann, Mama hat eine andere
    Begabung

Sie und ihre Jungen produzieren ein Sekret
Mit dem sie Feinde verjagen
Getroffen – wenn nicht vom Winde verweht
Wird der Feind wohl noch lange klagen

Der Stinkpfeil soll abscheulich sein
Einmal hatte Chulo, der Siam, lange einen üblen Geruch
Familie Wiedehopf ist im Tal daheim
Vielleicht machte Chulo einen unerwünschten Besuch.

Ist Zuversicht die Gabe

Nach der ersten Zeile
Mache ich mir keine Gedanken mehr
Der Tag nimmt seinen Lauf und noch eine ganze Weile
Schaue ich dem aufsteigenden Morgennebel hinterher

Und vertraue der neuen Zuversicht
Sie ist katzenartig, schnurrt nur nach Laune und Lust
Einfangen lässt sie sich nicht
Und so locke ich sie selbstbewusst

Zum Beispiel mit einem Zitat:
„Das Leben wird nach rückwärts verstanden und nach
    vorwärts gelebt"
Sagt einer, der nicht durch Zuversicht glänzt: Kirkegaard
Vielleicht ist Zuversicht die Gabe mit Hilfe des rückwärtigen
    Lebens das vorwärts gehende zu verstehen …

Daher

Nirgendwo kann man besser sinnieren
Als am Strand
Gedanken gehen auf Wellen spazieren
Um dann im Sand

Tief zu versinken
Und wenn abends am Horizont die Lichter blinken

War dieser Tag am Meer
Wieder einmal einer der
Zeigt: immer wieder kommt ein Glückstag daher …

Malen oder Dichten

Reglos in der Zeit verharren
Im Zwischenbereich – der Illusion
In all den bizarren
Tag-Träumereien zwischen Wunsch und Imagination

Dort, wo die Melancholie zu Hause ist
Ohne sie gäbe es nicht die Träume
Die tröstliche Stille oder auch die List
Wirklichkeit umzuwandeln in unsere Fantasieräume

Die Realisten nennen es flüchten
Wenn die Traumtänzer malen oder dichten.

Das Zauberwort

Es war einmal ein Zauberwort
Das verzauberte in der Kindheit viele Spiele

Eines Tages war das Zauberwort fort
Und mit ihm das Geheimnis der Zauber-Ziele
Es versteckte sich an einem verborgenen Ort
Und wurde ersetzt durch viele

Synonyme
meistens intime

Jetzt ist es einfach wieder da
Das Zauberwort: ABRAKADABRA.

Gegen Lohn

Ich bin eine Gedicht-Handwerkerin
Handwerk ist praktisch – macht Sinn

Ein jeder braucht es
Auch bei Tristesse

Vor allem dann
Wenn jedermann

Weiß: Handwerk gehört zum Alltag
Braucht weder Vertrag noch Verlag

Nur so etwas wie Empfehlung und Kettenreaktion
Die ersten Aufträge erwarten mich schon

Gegen Lohn!

Erkenne dich selbst

Durch ein Fernglas zu sehen und sich die Augen zu reiben
In sicherem Abstand zuzusehen – ohne Vorteil
Was die bösen anderen so alles treiben
Man selbst als Guter hat so gar keinen Anteil

An den Pannen und Pleiten
All die Schnäppchenjäger und Geldvermehrer – nicht wir
Sollen die sich doch in Krisen-Zeiten streiten
Buh-Länder dort – Bösewichte hier

Der schwarze Peter
Wird hin und her gerückt
Wie ist doch ein Kleiner, ein jeder
Hilfreich und mehr oder weniger von sich selbst beglückt

Von seinem eigenen Wohlverhalten
Und dann muss er erleben
Wie die Bösen die Welt aus den Angeln heben.
Ein jeder versteht sie, die Weisheit der Alten
"Erkenne dich selbst"
Dann wären nicht nur die Bösen diejenigen, die unsere
    Welt verwalten?

Davongekommen

Friedlich vor mich hin sinnierend beginnt der Tag
In einem langen Leben ist immer schon alles dagewesen
Und trotzdem vermag
Jeder Tag in all seinen Variationen wie ein Lebewesen

Seine unvorhergesehenen Seiten zu zeigen
Tier- und Menschen-Besucher sind heute willkommen
Die reinste Oblomowerei - zu beneiden
Für heute bin ich nochmals davongekommen.

Wie ein Gesicht

Während die Melodien der Sprache nur verhalten klingen
Übertrifft der Pinsel die Wortübungen
Ein Bild kann direkt eindringen
In Stimmungen

Den Umweg über den Verstand ausschalten
Augenblicklich Stellung beziehen
Mit Empfindungen schalten und walten
Der Vernunft entfliehen

Ein Bild oder ein Gedicht
Schlägt uns nur dann
In seinen Bann
Wenn seine Ausstrahlung aussieht – wie ein Gesicht.

Kühnheit

Von den Furcht-Geistern sind es die feigen
Die lauern - im Hinterhalt
Darauf warten, die Gelegenheit zu ergreifen
Um sich mit Unrecht und Gewalt

Mit Drohgebärden aufzublähen
Wer droht hat Angst
Fühlt sich zu schwach um einzusehen:
Du kannst

Genau das, was du dir zutraust
List ist erlaubt
Und wenn du auf die Kühnen schaust
Siehst du Mut ist die eigene Stärke, an die man glaubt.

Otto im Glück

Otto heißt der neue Hund
Von Barry und von Irmela
Otto ist alt, Otto ist krank und Otto ist gleichzeig ein Star

In einem Schafsstall hatte er sich versteckt
Dort hatten ihn zunächst nur die Zecken entdeckt
Bis jemand zufällig Otto sah
Und Otto war

Schon tagelang bereit zu sterben
Doch dann kamen Barry und Irmela
Ottos weißes Fell hatte begonnen, sich grau zu färben
Dank einer Radikalschur, viel Pflege etcetera

Kehrte Ottos Lebenswille zurück
Und nun sitzt er da
Behütet und weiß vor Glück
Nicht wie ihm geschah

Otto im Glück dank Irmela.

Der Graureiher

Wie eine schwarze Perle
Glänzt die Cala Boix weit unten am Meer
Türkisfarbenes Wasser und in der Ferne
Formentera - der Strand noch menschenleer

Für den Graureiher und mich ein Zauberort
Hast du schon gefrühstückt will ich wissen
Bewegungslos sitzt er dort
Auf dem kleinen Felsvorsprung, seinem Lieblingsort

Ach, die schon wieder, kein Ärgernis
Schnorchelt nicht dumm rum
Und verscheucht mir nicht meinen Imbiss
Und uns beiden gefällt die Stille ringsherum

Noch sind wir hier allein
Bald fallen die lauten Touristen ein.

Wie es einmal war

Wieder einmal ein Besuch bei Alfonso
Bei ihm finde ich die kuriosesten Kinkerlitzchen
Ausgebreitet auf einem Feld im *campo*
Niemand zuhause, nur Mutter Henne mit einem Dutzend
   Kinderchen

Beim Fortgehen sehe ich einen kleinen Tisch
Darauf ein Kärtchen: „Für Mitgenommenes" – einige Euros
   liegen da
Ich lege ein paar dazu und freue mich
Das alte Ibiza – wie es einmal war.

Chiringuito-Platz

Manchmal denkt der kluge Spatz
Als Spatz oder Katz ist die *Chiringuito*-Bar ein nahrhafter Platz

Da gibt es immer gut gelaunte Touristen
Die im Urlaub ein Herz haben für uns Opportunisten

Bei manchen dürfen wir direkt neben dem Teller sitzen
Na ja, nicht unbedingt sitzen aber alles Überflüssige stibitzen

Da bin ich als fescher Spatz
endlich mal gleichberechtigt mit der Katz

Die sieht in mir keinen Nachtisch-Ersatz
Denn Fisch vom Touri-Teller schmeckt besser als Spatz

Doch ich bin auf der Hut
Auch Touris können absolut

In ihrer Tierliebe wankelmütig sein
Heute fällt vielleicht viel für mich ab - oft liegt es am Wein

Und morgen ist alles für die Katz
Doch ich liebe mein Leben am *chiringuito*-Platz.

Hunde-Verbieter

Strandschi1der erfreuen sich bei Strandwächtern großer
  Beliebtheit
Auf der Insel sollte man sie mehrsprachig beschriften
Denn immer noch werden die Verbote ignoriert - wohl
  aus Sprach-Unverständlichkeit
Doch seitdem es das „*no-perros*"-Schild gibt, denkt
kein Strandhunde-Hasser mehr ans Vergiften

Manche Strände haben zweibeinige Hundeverbieter
Der, den ich kenne, versieht seinen Job wohl ehrenamtlich
Sein Gehalt besteht sicher aus vielen Litern
Und mit den Jahren hat er zusätzlich

Noch das *no-perros*-Schild aufgestellt
Für die Sprachgewandten und um Zeit zu sparen
Als Hundeverbieter wird man angebellt
Und an der Bar lässt sich das besser ertragen

An einigen wenigen Stränden scheint es noch eine Sonder-
  Hunde-Erlaubnis zu geben
Und so stirbt das Ehrenamt des Hundeverbieters aus
Große Verantwortung und noch größere Gläser sorgen
  eh für ein verkürztes Hundeverbieterleben
Als Menschenfreund und Hundebesitzer lernt man daraus:

Strände, an denen es nur Menschen gibt
Sind zu meiden für den, der seinen Hund liebt.

Basta

Auf der Pinie sitzt ein Specht-Paar
Darunter Chulo der denkt fürwahr

Verwegen und ungerecht
Familie Specht

Ich lehre euch das Fürchten und aus ist's mit Spechts Glück hier
Ich dulde keine Trommler über mir

Ihr habt einfach keinen Respekt vor 'ner Katz
Das ist ziemlich dumm auf meinem Platz

Ich versuche gerade mein Revier zu markieren
Ab in den Wald, hier habt ihr nichts zu verlieren

Wär ja noch schöner, wenn jeder hergeflogene Specht
Mir auf dem Kopf hämmern könnte
Lárgate! Basta! Ende!

Mit den Tieren

Wieder einmal hat das Flachdach ein Loch
Im Löcher-Stopfen habe ich viel Erfahrung
Hin und wieder sehne ich mich dann doch
Nach der von Freunden empfohlenen Stadtwohnung

Aber dann steige ich mir selbst aufs Dach
Und verteile viele Eimer Ritzenfüller oder Erde
Bei einem Gewitter-Sturzbach wie heute Nacht
Hi1ft nur noch ein erfahrener Flachdach-Experte

Die Stadtwohnung rückt dann wieder in weite Ferne
Ohne Geckos, die nächtens an der Decke spazieren
Und die wohlige Katzenkörperwärme
Gäbe es zwar keine Löcher zu stopfen, aber auch keine
Wohngemeinschaft mit den Tieren.

Nicht untergehen

In einem Land zu leben
In dem man beim Arbeiten singt
Das kann man nicht mal eben
Beschreiben, auch nicht dem eigenen Kind

Ein Viertel hat doch keine Arbeit
Was gibt es da zu singen?
Nun ja, vielleicht hören weit und breit
Die Arbeitslosen vor allen Dingen

Wie schön er klingt, der Gesang beim Arbeiten
Und träumen davon, etwas entstehen zu sehen
Statt mit Geld Geld zu machen und Pleiten
Vielleicht wird man es erst später verstehen:

Ein Land, in dem man beim Arbeiten singt, denken die
    Gescheiten
Wird nicht untergehen.

Die Seiltänzerin

Wenn meine Bilder meinen Ansprüchen genügen
Sind sie gelungen und gut
Sagte meine Freundin heute und ich hörte, welches Vergnügen
Es ihr machte – der Mut

Zu malen, unabhängig von den Fragen
Wird es gefallen, wird es reichen zum Leben – wohl kaum
Bin ich eine Träumerin, die Seiltänzerin auf dem Bild, wie
    die anderen sagen

Ja, das bist du, doch wer verdient schon sein Leben tanzend
    im Traum?

Datura

Nur noch wenige Blätter hast du, meine Schöne
Zu wenig Wasser, das nimmst du mir übel
Ich weiß, meine Nachtfalterblume, du bist sensibel
Ich verspreche, dass ich dich in Zukunft verwöhne

Der Platz hat dir nie besonders gefallen
Er ist auch wirklich nicht ideal
Aloe vera in der Überzahl
Du bist und bleibst die Schönste von allen

Dein Ruf ist nicht besonders gut
Das hast du mit der Engelstrompete gemeinsam
Ist man als außerordentlich Schöne oft einsam
Als ich dich fand, war nur bekannt: dein Leumund beruht

Auf deinem halluzinogenen Reiz
Und der ist verdächtig
Eine Droge – Nachtfalter-Musik
Wie du weißt

Sind Drogen da
Um Menschen zu verführen
Sie zu illusionieren
Und das tust du, meine schöne Datura.

Bei Nacht und Nebel

Heute ist mir ein Fang gelungen
In der Lebendfalle - keiner wird zum Eintritt gezwungen

Doch dem Manchego-Duft war nicht zu widerstehen
Und so musste ich sie mir ansehen

Die hübsche gutgenährte Ratte
Die aus dem Käfig schaute, sie hatte

Den Käse fein säuberlich verzehrt
Dein Aufenthalt unter dem Herd

Ist jetzt leider beendet – ich setze dich aus
Und merk dir nicht mein gastfreundliches Haus

Sonst lasse ich dich das nächste Mal bei Nacht und
Nebel beim Jäger-Nachbarn raus.

Immer noch besser

Nachbars Esel muss nicht mehr wie seine Ahnen leiden
Er darf sich jetzt auf der *finca* die Zeit vertreiben

Das tut er mit sprichwörtlicher Eselsgeduld
Und denkt: Ihr Touristen seid daran schuld

Auf dem Dreschplatz im Kreis nicht gerade zu eilen
War immer noch besser als sich zu langweilen.

Keine List

Meine Freundin verbreitet Frohsinn
Sie ist eine malende Träumerin

Ihre Bilder leuchten gerade dann
Wenn das Leben wieder einmal dann und wann

Besonders gräulich ist
Sie meint das sei keine List.

Doch schwer

Ein kleiner Vogel hat sich in meine *casita* verirrt
Wie winzig er noch ist!
Sofort haben die Katzen ihn aufgespürt
Aus der Pinie höre ich lautes Rufen, wird er vermisst?

Es gelingt mir, einen sicheren Platz auf dem Ast zu finden
Immerhin kann er fliegen – gerade mal eben
Wird es ihm gelingen, aus der Katzennähe zu verschwinden
Mama Grünspecht scheint von ferne Ratschläge zu geben

Nach ganz kurzer Zeit
Ist der Astplatz leer
Kleiner Vogel, bist du in Sicherheit?
Wie ist das Zusammenleben mit Katzenräubern doch schwer!

Für Christel

Heute verwöhnte mich wieder einmal meine *'poder superior'*
Das kommt hin und wieder vor

Ein Mensch, der am anderen Ende der Welt lebt
Und dessen Wunder-Glaube manchmal durch meine Träume
    schwebt

War plötzlich da
Ganz nah

Ihre Stimme war es natürlich nur
Aber die passte genau zur

Stimmung in der ich mich befand
Wir gingen zusammen Hand in Hand

Durch die langen verschlungenen Pfade
Unserer Freundschaft – ist es nicht schade

Wollte ich wissen: Du in Afrika ich hier
Nein, sagte die Stimme fröhlich, wir

Sind immer ganz nah beieinander wie damals in London
Wir hatten nicht einmal ein Telefon

Immer funktionierte sie
Die Telepathie

Das stimmt nicht, höre ich dich lachend sagen
Manchmal hast du nicht hingehört, dann musste ich im
    Hyde Park auf dich warten

Oder umgekehrt
Wie waren wir unbekümmert und unbeschwert!

Weniger Kummer

Auf der Insel gibt es jetzt einen Straßenschilderwald
Die Anzahl der Schilder übersteigt bald

Die der Pinien und Touristen
Es wäre gut, wenn die wüssten

Dass *multa* kein Service ist
Sondern nur eine List

Viele fehlende Euros zu kassieren
Um die teuren neuen Schilder zu finanzieren

Und die vielen *multa*-kassierenden Polizisten
Erfreuen sich sehr der Urlaubskasse der Touristen

Wenn es mehr Verkehrsschilder als Pinien gibt
Ist die Insel bald so beliebt

Wie die *multa*-Eintreiber
Da reist man als Touri doch lieber ein Inselchen weiter

Ach ja, den neuen Parkuhrcomputern ist ihr Wert schon
    anzusehen
Zu ergänzen wäre das Autokennzeichen vielleicht noch
    durch die Kontonummer

So würden die Banken wieder ein wenig in Staatsdiensten
    stehen
Und der Staat hätte mit den Parksündern weniger Kummer.

Schlechte Zeiten

Ibiza-Stadt hat jetzt viele tausend Parkcomputer
Urlaubern helfen spanische Computer-Erklärungen wenig
Wie fein! Ein sprudelnder Einnahme-Quell - ein absoluter
Man hofft auf viele Touris, doch die sind nicht mehr untertänig

Die Insel der Reichen und Schönen
Lebt nicht von ihrem Ruf allein
Als *multa*-Erfindcr weiß man zwar nicht, wie es ist, sich
      zu schämen
Man muss auch nicht sozial, sondern nur weniger geldgierig
      sein

Wer seine Parkzeit um Minuten überschreitet
Hat 90 Euro zu zahlen, in Worten: Neunzig
Abzocken ist zwar dank Banken weit verbreitet
Aber man bedenke: Es fördert nicht die Touristik

Immer noch gibt es in die Jahre gekommene Blumen-Kinder
Die lebten wochenlang von einer mehrminütigen *multa*
      für's Park-Überschreiten
Für die heutigen Multa-Spezial-Erfinder
Haben sie eher Mitleid, denn nicht nur sie wissen: Gier
      bringt schlechte Zeiten.

Bei einem Ritual

Immer wieder stimmt es uns friedfertig
Wie Kerzenlicht

Ein wohltuender Schimmer von Überblick
Ein wenig wie ein Gebet, ein Gedicht

Wer es sich gönnt, hat jedes Mal
Eine Verschnaufpause – bei einem Ritual.

Zu dem Konzert

Offenbar üben sie noch
Die Generalprobe hat noch nicht stattgefunden
Heute Abend vielleicht doch?
Ein Orchestermitglied ist heute bei meinem Anblick
    entschwunden

Wie ich erfuhr, üben sie unterirdisch
17 Jahre lang, d.h. in jedem Jahr musiziert eine neue
    Zusammensetzung
Ein Wunder ist die Natur – genial erfinderisch
Kein Mensch hat eine Vorstellung von ihrem Reichtum

Und so warte ich auf das erste Mal in diesem Jahr, ich bin
    eingeladen
Zu dem Konzert der Zikaden …

Eine Zeremonie

An einem Abend wie diesem
Entsteht aus dem Nichts ein Gedicht
Vor dem Hibiskus hängt ein Ast mit reifen Pfirsichen
In der Palme verfängt sich goldenes Licht
Die Natur breitet ihre Schätze aus
Das Hinschauen ist wie Poesie
Die Zikaden spenden Dauer-Applaus
Ein Schauspiel – eine Zeremonie.

Kein Unfall würde passieren

Bei Warteschlangen stellt sich die Frage
Sind sie giftig oder nur eine Plage

Sollte man das Anstellen hinten
Mit Hilfe von mobilen Parkuhren neu erfinden

Eine sprudelnde Einnahmequelle
An jeder Bushaltestelle

Multa-Erfinder müsste man sein!
Da fiele mir ganz viel ein
Die Zahl der Geschwindigkeits-Begrenzungsschilder würde
    ich drastisch reduzieren
Laufschritt-Tempo! Und kein Unfall würde passieren.

Schöne neue Welt

An den neuen Parkuhr-Computern hält man jetzt einen
    Schwatz
Nein, die massenhaft investierten Euros sind nicht für die
    Katz
Wieviel Mehreinnahmen, das möge man bedenken
Da die Benutzer nicht mehr ihre Tickets an die Nachparker
    verschenken

Und die vielen Kontrolleurinnen, die man einspart
Auch Verbrechensbekämpfung, weil man nun weiß, wo
    der Täter das geklaute Auto parkt

Was bei der Bürgermeinung an den Parkcomputern auffällt
Ist die Ansicht: Wir brauchen viel mehr teure Kontrolleure
    für die zukünftige „Schöne neue Welt",

Nicht immer

Wenn der Tag wieder einmal friedvoll zu Ende ging
Und auf der Insel kein Brennglas Feuer fing

Kann man nur einstimmen in das Zikaden-Konzert
Dann schlägt das dankbare Insel-Sommer-Herz

Freudig und höher
Und all die residenten Insel-Europäer

Einschließlich Ibizenkos bedanken sich
Selbstverständlich ist das nicht

Denn jährlich steigt die Feuergefahr
Und nicht immer findet man einen Bienenzüchter, der Schuld
daran war.

Ein lautes Konzert

Pünktlich zum Sommeranfang
Zikaden-Gesang

Wer den Süden liebt
Weiß, es gibt

Keine schönere Nacht-Musik
Sie macht abhängig

Den Sommer zu hören
Seine Herrschaft zu spüren

Sein Sinnbild zu sehen in Form von Zikaden
Und alle sind eingeladen

Zirpen gehört zur schönsten Meditations Musik der Welt
Für alle, denen ein lautes Konzert unter dem Himmelszelt
    gefällt.

An sich

Blühender und duftender Thymian
Der Duft liegt wie blauer Dunst über dem Tal
Dann ein Gewittersturm – ein Grobian
Knickt Aprikosenbaumäste und wieder einmal

Zeigt die Natur wie Katzen ihre Krallen
Und räkelt sich anschließend verführerisch
Der Insel-Sommer mit allen
Wundern für die, die an Wunder glauben – und an sich.

In der *casita*

Ein verspäteter Maikäfer
Liegt zappelnd auf dem Rücken neben dem Türstopper-Stein
Chica stellt fest: nichts zum Verzehr
Und zum Spielen zu klein

Mein Finger ist wie ein idealer Ast
Da sitzt er jetzt, breitet seine braungoldenen Flügel aus
Ganz ohne Hast
Und startet in den Frühsommertag hinaus

Manchmal bedeutet ein erhobener Zeigefinger nicht:
    Achtung lass das
Denkt Chica
Und trottet zu ihrem Schattenplatz auf dem kühlen Gras
Gefällt mir, mein Leben mit Zeichensprache und meiner *dueña*
In der *casita*.

Durch Lyrik ersetzt

Die Bücherkammer ist der Lieblingsplatz der Katzen
Heute musste ich Erizo beschwatzen

Das neu angebrachte Regal zu räumen
In Bücherregalen sitzt er fast so gern wie auf Bäumen

Er hat es sofort in Besitz genommen
Neue Katzen und Bücher, die in der *casita* hinzukommen

Interessieren ihn nicht wirklich
In der Katzenhierarchie ist er *el jefe* – schließlich

Hallo Chef, wenn du deinen Platz verlässt
Wirst du durch Lyrik ersetzt.

Farben und Worte

Ob Farben oder Worte
Solange sie uns begleiten
An all die Orte
An denen Worte und Farben uns den Weg bereiten

Solange verlässt Vertrauen uns nicht
Du bist mir einen Schritt voraus
Mit deiner Zuversicht
Dann folge ich dir und mache ein Gedicht daraus.

Tausch-Wirtschaft

Vielleicht wäre die sogenannte soziale Marktwirtschaft
Durch Tauschwirtschaft zu ersetzen
Wäre das nicht fabelhaft
In schlechten Zeiten bewährt, nicht zu unterschätzen

All die arbeitslosen Banker wären darauf angewiesen
Ihre Reichtümer einzutauschen, um zu kapieren:
Auch sie müssen
Ihren Lebensunterhalt verdienen statt Boni zu kassieren

Sie müssten, wie jeder andere, schlechte Waren
Zurücknehmen und erleben was es heißt
Verachtung zu erfahren
Die jeder Geld-Scheffler – noch so dreist

Irgendwann am eigenen Leib erfährt
Bis er wieder den Pfennig – pardon - den Cent ehrt.

Wiederholung

So wie eine Schwalbe noch keinen Sommer macht
Kommt es in einem Glücksfall auch nicht in Betracht

Scharenweise Glücksflüge einzuplanen
Der lebenserfahrene Volksmund lässt jedoch ahnen

Gemäß ‚Ein Unglück kommt selten allein', dass die Glücks-
    Macht
Auch Wiederholungen schafft.

Improvisationen

Die Außenküche ist der originellste Raum
In der ganzen *casita*
Vom Flohmarkt ist alles und kaum
Etwas fehlt – selbst eine Lampe ist da

Ein Fenster besteht aus einer geschnitzten spanischen Wand
Alles blütenweiß gestrichen – ob klein oder groß
Die Streichlust verschont keinen Gegenstand
Ein ordentlicher Freund war fassungslos

Selbst die Außenseite des Toasters erstrahlt in neuem Weiß
Wie, alles mit der gleichen Farbe, erkundigte er sich
Was so viel heißt
Dass auch die Kühlschranktür frei von Kratzern ist –
    offensichtlich

Die Katzenklappe ist jetzt hinter einem Vorhang versteckt
Das fand nur Ardilla überflüssig
Alle anderen hatten sofort entdeckt:
Man schiebt ihn einfach zur Seite – fertig

Manchmal sitzt ein Rebhuhnpärchen in der Spüle
Vermutlich tropft der Wasserhahn
Eidechsen gibt es ziemlich viele
Alle – außer erwähntem Ordnungs-Mann – sind von der
    Küche angetan.

Das schöne Bild

Wieder einmal reicht wenig aus
Um den Alltag gut zu bestreiten
Mit fünf Katzen in einem Holzhaus
zu leben sieht schon von weitem

Nach Beschaulichkeit aus – Natur und Stille
Ohne Klima-Anlage bei 40 Grad im Schatten
Handelt es sich eher um eine Sauna-Idylle
In der nicht nur die Katzen ermatten

Große Ventilatoren gibt es zum Glück
Und wenn der Strom nicht gerade wieder mal ausfällt
Das schöne Bild einer kleinen heilen Welt.

Gnadenbrot

Sorgen hat ein jeder
Entweder

Sie beherrschen dich oder umgekehrt
Beneidenswert

Sind die Sorgen-Vermeider
Doch leider

Ist diese Sorte vom Aussterben bedroht
Es sei denn, man rettet sie – durch ein Gnadenbrot.

Ein erprobter Krieger

Frau Jemand hatte einen Sohn
Der Sohn meinte lange schon

Muttern solle sich um Männer nicht so grämen
Es wäre so wie bei Streithähnen:

Zum Schluss wäre der Verlierer nicht unbedingt der Sieger
Aber auf jeden Fall ein erprobter Krieger.

Keine Gewissensfrage

Wenn Frau Jemand auf ihren Ex trifft
Ist die Lage gespannt

Aber was die Kinder anbetrifft
Ganz und gar tolerant

Schließlich lebt man im einundzwanzigsten Jahrhundert
Und wer sich über Goldene Hochzeiten wundert

Ist der Herr der Lage
Das ist IN und keine Gewissensfrage.

Ein Gebet

Die Wahrheit der Selbstlosen hat viele Gesichter
Fast so viele wie die der Bösewichter

Die Unterscheidung tut Not
Denn oft sitzen sie im gleichen Boot

Und wenn es untergeht
Spricht man unter Umständen – gemeinsam ein Gebet.

Wort-Ganoven

Gedanken können unser Wesen verschleiern
Wie Wolken den Himmel über uns
Der jetzige Moment ist ein Grund zum Feiern
Die Gegenwarts-Gunst wird vernachlässigt in der Gedanken-
   Kunst

Sie befasst sich mit Zukunft oder Vergangenheit
Das Heute interessiert sie wenig
Freude und Friede fallen in eine andere Zeit
Sind Gefühlsduseleien, passen nicht zur Realitäts-Kritik

Und so erlaubt man sich keine Sentimentalitäten
Die Klugen haben wenig zu lachen
Auch wenn sie es manchmal gerne täten
Zeitkritisch Denken und Unsinn schreiben und machen

Ist verpönt bei Philosophen
Das überlassen sie den – Wort-Ganoven.

Kein bisschen kompliziert

Es kommt vor, dass ich mich mit dir auf dem Dreschplatz
    sitzen sehe
Umgeben von all den Blüten und Katzen
Ich schaue auf die Bildfläche und drehe
Ein wenig am Lautstärkeknopf, um zu hören wie die Katzen
    schmatzen

Das alles ist ein Film aus vergangener Zeit
Ich wusste nicht, dass er noch existiert
Aber manchmal ist die Vergangenheit
Teil der Gegenwart und kein bisschen kompliziert.

Die Katze Ardilla

Auf dem Abendrundgang begleitet mich Ardilla manchmal
Das heißt sie geht mit bis zu dem Tor von Marilenas Haus
Weiter unten sind die Hunde im Tal
Und die machen nicht nur einer Katz mit Eichhörnchen-
　　Schwanz den Garaus

Sagte ich das erste Mal, sie verstand sofort
Ließ sich neben dem Rosmarin-Busch nieder
Bei meiner Rückkehr saß sie immer noch dort
Kluge Katz, das machen wir morgen wieder

Seitdem muss sie nur meine Wanderstecken sehen
Um, wenn sie Lust hat, mit mir zu gehen
Wie bist du gescheit, meine schwarze Ardilla!
Was du verstehen willst, verstehst du, für Dressur ist der
　　Hund da.

Domingo

Hier bin ich daheim
Jede Pflanze, jeder Stein

Ist Teil meines Lebens – nicht einsam
Doch mit mir allein

Der Alltag, eine Herausforderung
Täglich Vergebung

Meine Tiere umgeben mich
Stillstand und doch verändert es sich.

Nachtgespenster

Die pünktlich um drei Uhr nachts erscheinenden Gespenster
Sind manchmal auch gnädig
Dann öffne ich ein Fenster
Und erleichtere ihnen den Ausstieg

Heute Nacht waren sie eher – wie soll ich's beschreiben
Fröhlich, sie hingen an der neuen Außenküchenwand
Schienen sich friedlich die Zeit zu vertreiben
Und ließen mir freie Hand

Also fabulierte ich ein wenig
Das macht froh
… und wer froh ist, ist ein König*
Und so

Entschwanden sie wieder durch das offene Fenster
Habe ich Freundschaft geschlossen mit den Nachtgespenstern?

* Volkslied: Froh zu sein bedarf es wenig…

Bevorzugte Gaben

Seitdem meine Verehrer vierbeinig sind
Bin ich bei Geschenken auf der Hut, vertraue nicht mehr blind

Bevorzugte Gaben sind große Ratten und kleine Hasen
Bei Undankbarkeit bettet man sie dekorativ auf den Unkraut-
    Rasen

Heute morgen erhielt ich nur einen grün-schillernden
    Echsenschwanz
Ich zeigte mich erfreut, der Rest das Geschenks sonnt sich
    sicher in gebührender Distanz.

Es geht doch

Die großen schwarzen Löcher
Nein, nicht die im Universum
Ich spreche von denen, in die man besser
All die trüben Gedanken versenken müsste, um

Nicht selbst hereinzufallen – sie verschlucken ganze Sterne
Warum denn nicht auch
All die Sorgen-Gedanken die gut und gerne
Für immer verschwinden könnten im Kosmos-Bauch

Doch dann im Schein einer kleinen Laterne
Suche ich mir lieber ein kleineres Schwarzes Loch
Und versenke sie einfach in der – leider wieder einmal nur
    halb vollen, nicht halb leeren – Zisterne
Na bitte, es geht doch.

Hoffnungsschimmer

Nicht dass die Sternschnuppe allein schon eine Wunsch-
    erfüllung wär
Aber bei der

War klar zu sehen
Dieser Wunsch wird in Erfüllung gehen

Erst war der Wunsch da
Und dann fiel die Schnuppe wie ein sternklares JA

Ein Wunsch plus Geduld ist wie ein Gebet
Du trägst ihn immer mit dir wie ein Amulett

Bis die Erfüllung wie eine Sternschnuppe vom Himmel fällt
Um sie nicht zu verpassen, hatte ich prophylaktisch ein Bett
    unter dem Himmelszelt aufgestellt

Die Methode funktioniert nicht immer
Unerlässlich bleibt der Hoffnungsschimmer.

Gut verstecken

Geduld ist die Fähigkeit
Die Ungeduld an die lange Leine zu legen
Wie der Volksmund meint, eine Notwendigkeit
Wenn nicht gar ein Segen

Dass am Ende der Leine der Geduldsfaden reißt
Ist keinesfalls bewiesen
Und daher ist meist
Die Länge der Leine zu genießen

Und beliebig zu strecken
Im Ungeduldsfall lassen sich kluge Erkenntnisse auf der
    Lange-Leine-Strecke gut verstecken.

Ein Feigling

Wenn wieder einmal der Eigensinn
Herausforderung und heftige Diskussionen entfacht
Wenn die Sinnsuche feststellt: ich bin die, die ich bin
Und Widerstand nur Ärger und Mühe macht

Wird die Frage: Ist meine Einstellung und Art
Im Alltagsleben erträglich und richtig
Beantwortet von der Gegenwart:
Bleib die, die du bist und nimm dich nicht so wichtig

Beruf dich auf Hesse, den weisen eigensinnigen Sonderling
„Nicht nur in der Jugend
Ist Eigensinn eine Tugend…"
Solange du eines nicht bist – ein Feigling.

Am *camino* entlang

Auf dem Weg zum Meer
Begegnet mir immer wieder

Vor dem letzten verlassenen Haus
Ein kleiner weißer Hund; er sieht eher wie ein Waschbär aus

Wenn ich anhalte, bedeutet das Flamilienzuwachs
Schon jetzt denke ich an einen Namen: Du heißt Max

Doch schnell schalte ich in den nächsten Gang
Vielleicht macht Max nur einen Abendspaziergang am
    camino entlang?

Puput

Sein Ruf ist unverwechselbar
Lautmalerisch

Im Tal nimmt man ihn wie ein Echo wahr
Selten zeigt er sich

Er ist eine Schönheit
Sein Name auf Spanisch wie sein Lockruf – absolut

Einzigartig - man hört ihn meilenweit
Den Wiedehopf – *puput*.

Elfen

Einem kleinen Mädchen lese ich Märchen vor
Mit einer Katze im Arm kuschelt sie sich ein
Manchmal schaut hinter der Lampe ein Gecko hervor
Sie ist ein Stadtkind, ein bisschen gruselig scheint ihr zu sein

Sie liebt alles Getier
Auch Ameisen, die durch die Außenküche spazieren
Mitten im Pinienwald sitzen wir
Und während die Zikaden laut musizieren

Tanzen die Fledermäuse oder sind es Elfen?
Nur die guten Menschen können sie sehen
Sagt das Märchen
Zum Schluss heißt es wie immer: Noch eine Geschichte,
    ich muss noch lange nicht schlafen gehen.

Unsterblicher Star

Der Star verspätet sich
Endlich wird er sichtbar
für die auf ihn Wartenden – an der Cala Nova
Im Meer spiegelt sich sein Silberstreifen-Licht

Etwas wie Andacht breitet sich aus
Alle starren gebannt auf die Horizont-Leinwand
Und auf ihn in seinem immer gleichen Gewand
Stille Bewunderung – kein Applaus

Dämmerlicht und Schweigen in der Strandbar
Ein Boot durchquert seinen Widerschein
Vollmond bei einem Glas Wein
Das einmalige Ibiza und sein unsterblicher Star.

Illusionen

In der Wehmut-Falle sitze ich – benommen
Plötzlich schnappt sie immer wieder zu
Lethargie pur - kein Entkommen
Ein Teil von dir
Ist in allem was mich umgibt
Manchmal genügt ein Blatt Papier
Ein Notizzettel wie jetzt, schon fast vergilbt
Und ich sehe dich vor mir
Ständig auf der Suche nach dem Glück
Aber beieinander sein
Immer weiterziehen – ohne Blick zurück
Ich wäre gerne an einem Ort geblieben, doch manchmal allein

Und so leben wir in verschiedenen Dimensionen
Gibt es da wo du bist Illusionen?

Von diesen Momenten

Eine Verehrerin des Augenblicks zu werden
Hat viele Ursachen
Eine ist die Konfrontation mit der Endlichkeit auf Erden
Mit deinem Tod brachen

Sie zusammen – die Illusionen
In einem Meer aus Zeit zu schwimmen
Heute schon
Könnte dieses Meer für immer verschwinden

Den Sonnenuntergang sehe ich
Als stille Bewunderin von Augenblick und Meer
Weder gestern noch morgen beschäftigen mich
Nur von diesen Momenten möchte ich mehr …

Das fragst du mich

Einen Besucher, der schon lange hier wohnt
Traf ich erst heute zufällig
Er tat gar nicht erstaunt
Er ist eigenwillig

Lebt in Mauerverstecken
Manchmal sogar in einem alten Hasenbau
Und lässt sich alles Herumkrabbelnde am Boden schmecken
Als Vogel ein ziemlich guter Läufer und schlau

Er will mir nicht sein Schlupfloch verraten
Und sitzt lange im *algarrobo*
Während die hungrigen Kleinen auf ihn warten
Daher verstecke ich mich weit entfernt, irgendwo

Ein Steinschmätzer - *culiblanco*
Ist ein neuer Gast
Herzlich willkommen, im Winter bist du in Afrika
Bis dahin hast

Du hoffentlich deine Kinder groß gezogen
Im Mauer-Versteck ahnen sie noch keine Gefahren
Einen schönen Vogel wie dich kennen vielleicht nur die
    Ornithologen
Du bist, wie ich, ein Gast auf den Balearen

Steinschmätzer – der spanische Name ist schöner: Coablanca
Das klingt melodisch
Warum bist du im Winter in Afrika?
Das fragst du mich?

In ihren Bann

Die Dunkelheit verdichtet sich vor dem Fenster
Ein Windhauch bewegt sanft den kleinen Sabinabaum
Sie sind in ihren Verstecken - die Nachtgespenster
Doch erschrecken sie mich - kaum

Herausforderungen liebe ich
Wenn ich mich ihnen gewachsen fühle
Das kommt vor und so bedanke ich mich
Heute in der abendlichen Stille

Besinne mich
Und nehme das Tagesgeschenk an
Die Nacht beschenkt nicht
Doch noch ziehen mich die dunklen Schatten nicht in
    ihren Bann.

Lebensfroh

Die Außenküche wird geliebt von allen Tieren
Mit Recht, denn sie ist wunderbar
Praktisch, ohne Fenster und Türen
Sogar

Chica lässt sich auf dem Küchenstuhl nieder
Alles Neue ist ihr zwar suspekt
Doch der tägliche Essensduft immer wieder
Lockt alle an und weckt

Mittägliche Essenslust
Eine Eidechse sitzt frech am Pfannenrand
Sie scheint die kühnste zu sein, selbstbewusst und
katzenerprobt, ohne Schwanz

Bei Mittagshitze schläft Erizo in der Spüle
Die Größe ist katzengerecht
Für den grauen Gastkater hegt er keine kollegialen Gefühle
Den stört das wenig, der ist rotzfrech
Und eine Außenküche ist so ziemlich nach seinem gusto
Apropos: Das Leben mit den Tieren macht wieder lebensfroh.

Wie sie uns gefällt

Der Traum vom Fliegen
In schweren Zeiten
Ist so, als wäre die Schwerkraft zu besiegen
Um ohne Last hinüber zu gleiten

In eine andere Dimension und von weitem
herabzuschauen auf unsere kleine Welt
Die Flügel auszubreiten
Und zu sehen wie einmalig sie ist und wie sie uns gefällt.

Zu schweigen

Schreiben ist Balsam
Lautloses Sprechen
Absichtslos langsam
Verse, die Angst löschen

Mit Blick aufs Meer
Auf Wellen zu reiten
Strandgeschrei von weit her
SO kann es bleiben
Worte aufschreiben, die Wehmut vertreiben

Hoffnung aufrecht erhalten
Erinnerungen zusammenfalten
Gedanken in Sprache verkleiden
Die wohltuende Art zu schweigen.

Das August-Dauer-Konzert

Das Licht zittert an den Wänden
Es tanzt wie Schmetterlinge auf dem *Nispero*-Baum
In der Mittagshitze blenden
Weiße Schattengestalten den heißen *casita*-Raum

Das Zikaden-Konzert erfüllt die Luft
Als wäre der Dirigent ausgefallen
Setzt es unvermittelt aus
Um mit Vehemenz das Tal wieder zu beschallen

Ein Lärm der froh macht
Andauert – sich verstärkt
Bis in die Nacht
Das August-Dauer-Konzert.

Eine Chance

Eine Halbwahrheit ist wie das berühmte halbvolle Glas
Die andere Hälfte wäre noch zu füllen
Mit was auch immer und im Stillen
Hoffen wir auf ein erträglich Maß

Zwei halbe Wahrheiten
Machen keine Ganze
Und so geben wir dem Ganzen eine Chance
Indem wir die positive halbe verbreiten.

Auf dem Lebensfest

Ohne Träume – wie wäre da das Leben?
Einer ist auf dem Weg in Erfüllung zu gehen
Ich begleite ihn auf seinen Umwegen
Wie kann er all die Hinweisschilder übersehen?

An einer Weggabelung harrt er eine Weile aus
Ist unschlüssig und wehrt sich gegen seinen Gegenspieler:
Du bist nur der Alp und hast keinen Platz im Traumhaus
Ich verbanne dich, denn noch

Sitze ich nicht fest
Im Funkloch
Wie du weißt, tanze ich immer noch
Nicht nur Tango – auf dem Lebensfest.

An der Cala Nova

Ein Spatz sitzt neben meinem Teller
Listig wohlgenährt und reichlich behände
Er schielt nach dem Brotkorb und hüpft etwas schneller
in seine Nähe an das andere Tischende

Na wird's bald, ich warte
Sagen seine frechen Äuglein
Ich auch, sage ich und greife nach der Karte
Darf es auch Brot ohne *ajoli* sein?

Der *camarero* schaut strafend auf die vielen Krümel
Doch ich bin ein guter Gast
Und dem lässt man seinen Tier-Fimmel
Der dicke Spatz flieht mit seiner Beute auf den nächsten Ast

Der Krüppelkiefer und verspeist wie gewohnt
Seinen Anteil, Dreist-sein hat sich wieder einmal gelohnt.

Pure Freude

Der Glanz des Tages lässt am Mittag
Die Zeit vergehen
Was immer der Tag noch bringen mag
Von dem Geschenk des Morgens einmal abgesehen
Liegt Sommer-Wohlgeruch in der Luft
Unter dem gewölbten Blau des Himmels schwimmen
Knäuel weißer Watte im Wind, im Duft
Bienen summen
Das Wohlgefühl leuchtet blau
So ein Tag ist heute
Das sieht man genau
Pure Freude.

Solange wir uns nicht ergeben

Das meiste, was wir von uns selber sagen, ist Poesie
Auch dann, wenn die Selbstdarstellung traurig macht
Spinnen wir ein Netz aus Phantasie
Doch manchmal lacht

Uns das Glück
Für einen Augenblick
Und mit etwas Geschick
Wiederholen wir den Trick:
Wir gestalten unser Leben
Solange wir uns nicht ergeben …

Wer überlebt wen

Ein Sabina-Baum mit blauen Blüten
Er ist Teil der Garten-Wildnis
Der *morning-glory* ist das Emporklettern nicht zu verbieten
Und so hat sie ihn eingewickelt – bis
In die Spitze leuchtet er jetzt blau
Sie ist eine Schmarotzerin – nur schön
Dabei weiß ich genau
Ich müsste ihn retten und schaue doch mit zu bei dem
    Schauspiel: wer überlebt wen.

Wohngemeinschaft

Wieder einmal stellt sich die Frage:
Traue ich mich
Menschen zu trauen, die ich kaum kenne und doch wage
Ich ein Miteinander – getrennt von Bett und Tisch

Aber nahe genug beieinander
Ungewiss ist ebenfalls
Was die Tiere voneinander
Halten - jedenfalls

Wollen wir das gemeinsame Wohnen riskieren
Es kann natürlich passieren
Dass wir uns gegenseitig nicht tolerieren
Manche Neunmalklugen sind Weltmeister im Kritisieren.

Hier auf dem Berg

Auf dem Dreschplatz türmen sich Pinienäste
Noch darf ich nichts verbrennen in der Naturschutz-Zone
Pinienduft erfüllt die Luft, es wäre das Beste
Sie bis Weihnachten duften zu lassen – ohne
Lichterketten – ein Pinienzweige-Berg statt Weihnachtsbaum
Und vorher Adventskränze für Freunde von Naturschutz
    und Tieren
Der alte aus der Kindheit wehende Traum
Hier auf dem Berg lässt er sich variieren und zelebrieren.

Wieder ein Loch gestopft

Das Prinzip Löcher-stopfen
Gehört zum Alltag und ist hinreichend bekannt
Nach einem heftigen Gewitter fielen nicht nur Tropfen
Sturzbachartig klatschte der Regen gegen die *casita*-Wand
Bis das Badewannen-Bücher-Zimmer unter Wasser stand

Gebannt schauten alle Katzen auf den steigenden Wasser-
  spiegel
Inzwischen gibt es zwischen Natursteinmauer und *casita*
Eine gemauerte Auffangrinne aus Ziegel
Und ein großer Wasserbehälter steht da

Wieder ein Loch gestopft
Bis es beim nächsten Mal an einer anderen Stelle tropft.

Wie ein Gebet

Manchmal genügt ein Wort
Und der Tag ist gerettet
Ein Wort wie ein Gebet an einem Ort
In Erinnerungen eingebettet

Wenn dann der *halcón* seine Kreise zieht
Und sie einsetzt – die Zikaden-Musik
Scheint es unvorstellbar, was auf der Welt geschieht
Die Gewalt in Syrien, im Bürgerkrieg.

Ausgesetzt

Ob erlebt, geträumt oder erdichtet
Die Wahrnehmungs-Intensität
Ist ohne Unterschied, sie vernichtet
Plötzlich die errichteten Mauern und verrät

Wünsche, Träume und Trauer
Aus vergangenen Zeiten
Sie liegen in ihren Verstecken auf der Lauer
Bis es soweit ist einzuschreiten

Es wieder zu akzeptieren
Das Heute – das Jetzt
Und mit all den Widersprüchen zu spüren:
So ist unser Leben, zu jedem Zeitpunkt dem Tod ausgesetzt.

In Begleitung einer Katz

Auf dem Pfad zum alten Olivenbaum
Bahne ich mir mit der Heckenschere den Weg
Verschwenderin Natur füllt jeden Raum
Zwischen Pinien und Hecken, im kleinsten Eck

Sprießt und wächst es wuchernd, üppig
Eine niedrige Terrasse dient als Bank
Das einzige Geräusch ist Vogel-Musik
Die Zweige des Über-Tausend-Jährigen gleichen einer
    schützenden Hand

In seinem Innern scheint eine Herberge zu sein
Durch das Schlupfloch ist niemand zu hören oder zu sehen
Es zu schließen traue ich mich nicht, wen sperre ich ein?
Bei meinen Besuchen lässt sich kein Baum-Bewohner erspähen

Im Winter besuche ich ihn oft
Er bietet den geschütztesten Sonnenplatz
Vielleicht treffe ich einmal seinen scheuen Bewohner
Bestimmt hört der, dass ich nicht alleine komme, sondern
    meist in Begleitung einer Katz.

Wie sehnsüchtig erwarteter Sonnenschein

Manchmal blitzt er auf
In der tiefsten Niedergeschlagenheit
Nimmt seinen Sternschnuppenverlauf
Zu kurz und himmelweit
Entfernt vom Glücklich-Sein
Und doch leuchtet er wie immer
Auf, wie sehnsüchtig erwarteter Sonnenschein
Der Hoffnungsschimmer.

Ohne Ende und Ziel

Wenn der *halcon* im Tal seine Runden dreht
Die Morgendüsternis langsam verschwindet
Und ein warmer Spätherbst-Wind die *casita* umweht
Kehrt die Lebensenergie zurück und verbindet
Sich mit der Wahrnehmung, die jede Insel beschert:
In Wellen verläuft das Lebensgefühl
Wie das Meer ist es unerschöpflich und kehrt
In immer neuer Gestalt zurück zu seinem Anfang ohne
    Ende und Ziel.

Der geheime Ort

Das Schlupfloch in den alten Olivenbaum ist jetzt verschlossen
Mit aufeinander geschichteten Natursteinen
Für einen Baumbewohner ist die Mauer von innen umzustoßen
Nach der Größe des Eingangs handelt es sich um einen kleinen

Inzwischen gibt es in der Nähe Stuhl und Tisch
Täglich bei Sonnenschein besuche ich den Alten
Frisch rasiert ist seine Erscheinung malerisch
Prächtig schaut er aus mit seinen über tausendjährigen Falten

Sein Anblick verbreitet Zukunfts-Vertrauen und Zuversicht
Vielleicht ist er der Insel-Älteste, wer weiß das schon
Keine Angst, ich verrate es nicht
Er ist nicht der Typ der sich anbiedert als Touri-Attraktion

Für alte Baum-Riesen wie ihn zahlen Neureiche viel Geld
Die alte Volksmund-Weisheit: Alte Bäume lassen sich nicht
    verpflanzen
Trifft auf ihn nicht zu – in seiner Welt
Zählen die Lebewesen, die ihn umtanzen im Großen und
    Ganzen
Mehr als der Platz, von einem Menschen ausgewählt

Und so leben wir in gegenseitigem Respekt
An diesem magischen Ort
Und solange uns niemand entdeckt
Gehen wir von hier niemals fort.

Die aparte Französin

Chica ist von Natur aus skeptisch
Ardilla hat nichts dagegen
Chulo ist prinzipiell zuversichtlich
Erizo, mit Rottweiler Buri aufgewachsen, denkt:
Als Katz ist man Hund überlegen

Mit anderen Worten: wir sind einverstanden
Die aparte Französin Nina scheint gut erzogen, nicht flegelhaft
Genug Platz ist vorhanden
Also wagen wir gemeinsam eine Wohngemeinschaft.

Palmensterben

Auf der Insel begann das Palmensterben
Vor einigen Jahren
Der Rüsselkäfer brachte das Verderben
Seitdem sind Palmen Schätze auf den Balearen

Der Parlmrüssler, Rynchophorus, ist ein listiger Zerstörer
Er ist ziemlich klein und kann fliegen
Wenn man sein zerstörtes Palmenhaus abbrennt, wär er
Ganz und gar nicht obdachlos, denn viele Palmen-Alleen
    liegen

In seiner Reichweite – im Sonnenlicht
Als die Araber vor tausend Jahren die Palmen auf die Balearen
    brachten
Gab es ihn noch nicht
Doch jetzt wütet er wie eine Epidemie und entfachte

Das große Palmen-Leiden – das tödlich endet
Bisher sind alle um die *casita* lebenden noch gesund
Ein Palmenkenner versorgt sie mit einem Medikament
Und bescheinigt einen positiven Befund.

Palmen sterben

Die Palmen sterben
Ein wirksames Gegengift gegen die Seuche
ist noch nicht gefunden

Kluge Lokal-Politiker haben sich eine neue
Euro-Einnahme-Methode ausgedacht:
Wer seine sterbende Palme offiziell fällen
lassen muss, zahlt mehr als tausend Euros.

Die Alternative wäre ein Impfmittel, das
Schon existiert, kostenlos zur Verfügung
zu stellen. Für die Kosten eines Parkschein-
Computers könnten hunderte von Palmen geimpft werden.

Auf fast jeder *finca* wachsen mehrere Palmen
Um den Palmrüssler daran zu hindern bei Verbrennen
einfach davonzufliegen, muss die Palme
vor der Einäscherung eingepackt werden. Das
erkläre den Preis, sagen die Erfinder der "Bestattungs-Kosten".

Dass Palmenbesitzer ihre noch gesunden Palmen
fällen, weil sie die Einäscherung nicht bezahlen
können, scheint Euro-Einpacker nicht zu interessieren.

Staatliche Beerdigungsinstitute für Menschen
wären unbezahlbar, da müsste wieder auf die
Himmels-Bestattung zurückgegriffen werden.

Doch die modernen Geier können nicht fliegen …

Vorgaukeln

Nach all den Stürmen und Regengüssen
Lockt wieder das Meer
Glänzend und harmlos läge es mir zu Füßen
Ach wär
Ich doch ein Winterschlaf haltendes Wesen
Und würde erst im Frühling meinen Schlafplatz wieder
    verlassen
Neidisch schaue ich der letzten Eidechse hinterher in der Hand
    einen Besen
Nur Bougainvilla-Blüten huschen noch über die Terrassen

Dann tröstet mich das Meer und lässt meine Gedanken
Auf seinen sanften Wellen schaukeln
Bis sie sich für das Winterleben bedanken
So ein weites Meer kann unendliche viele Wunscherfüllungen
    vorgaukeln.

Holzhaus-Bücherwelt

Eine gespenstische Stille plötzlich
Der Sturm hält den Atem an
Und lässt sich
Wo? Im Nachbartal nieder um dann

Mit geballter Kraft zurückzukehren
Selbst große Blumentöpfe hinwegzufegen
Nachteulen das Fürchten zu lehren
Ihnen einen Tot-Stell-Reflex nahezulegen

Wieder einmal ist in Erwägung zu ziehen
Das Holzhaus aufzugeben
Dem Waldleben zu entfliehen
In einem ordentlichen Haus zu leben

Doch wenn das Dach auch dieses Mal standhält
Bleibe ich in meiner kleinen Holz-Haus-Bücher-Welt.

Der Unterschied ist minimal

Chica und Ardilla sind jetzt Freundinnen
Eng umschlungen schlafen sie auf der Kuscheldecke
Der Tag ist mit gründlicher Katzenwäsche zu beginnen
Chicas flinke Zunge wäscht in jeder Ecke

Besonders die Ohren und rund um Mund und Nase
Ardilla schließt die Augen – genüsslich
Reckt den Kopf für die ausgiebige Hals-Wasch-Phase
Eine Zeremonie sichtbar vergnüglich

Ardilla wäre noch gerne länger die
Die man reichlich beschleckt
Doch dann meint sie
Jetzt wäre es korrekt

Auch Freundin Chica eine Morgenwäsche zu gönnen
Kurz und bündig erledigt sie die
Um die Freundin dann mit Schnurren zu verwöhnen
Eine wahre Schnurr-Symphonie

Schnurr-Musik und -Geschichten sind fast so schön wie
    Zungenschlecken Lust total
Wer mit Tieren lebt wird schnell entdecken
Der Unterschied zu menschlichen Wonne-Gefühlen scheint
    minimal.

Das unvergleichliche Lebensgefühl

Ein halbes Dutzend Pinien müssen noch ihr Leben lassen
Auch das offizielle *permiso* hilft nicht, die Trauer zu vertreiben
Vielleicht sollte ich mich einfach in Zuversicht fassen
Sie wachsen lassen
Warum sollte der Feuerteufel ausgerechnet hier sein Unwesen
     treiben

Dichtgedrängt bewachsen sie unermüdlich
Alle Hänge und Terrassen
In ihrem Schatten wächst jeder andere Strauch kümmerlich
Sie sind wie Katzen und lassen
Sich nicht so schnell vertreiben - führen ein Eigenleben

Und so gehöre ich zu einer Katzen- und Pinien-Gemeinschaft
Ohne mich würden sie auch überleben
Nur ich bin angewiesen auf ihr Dasein, das auf dieser Insel
     - u. a. das unvergleichliche Lebensgefühl schafft.

Als Katzentier

Chica hat ihren Pinkel-Protest eingestellt
Der Grund scheint Nina, die Hündin, gewesen zu sein
Sie jagt alle Katzen und bellt
Schon bei Katzenanblick wird sie hundsgemein

Eine Freundschaft wird das nie
Vielleicht ein gegenseitiges Tolerieren
Lo siento, Chica, ich verstehe deine Antipathie
Und sympathisiere oft mit denen, die protestieren
Aber begreif doch: ich kann auch nicht bei Widerspruch
    beharrlich urinieren

Die aparte Hunde-Französin wohnt nur vorübergehend hier
Ja richtig, man hat zwar ein Abneigungs- aber kein Zeit-gefühl
    als Katzentier.

Eigenwilligkeit

Herbeizwingen lässt er sich nicht, der Reim
Wie eine Katz taucht er plötzlich schnurrend auf
Mit viel Geduld fang ich ihn ein
Überlasse ihm meine ganze Aufmerksamkeit und warte darauf

Dass er mir seine Gewogenheit schenkt
Er lockt und fordert, setzt Verständnis voraus
Und entflieht, wenn man ihn bedrängt
„Solange du mir meine Eigenwilligkeit lässt
erfreue ich dich – bei Befehlen nehme ich Reißaus."

Auf Nimmer-Wiederkehr

Manchmal sind Träume die reinste Poesie
Und manchmal reimen sie sich sogar
Auf einem Felsvorsprung singt jemand ein Lied
Das zieht unsichtbar

Einen Walfisch an den Strand
Er scheint sich auszukennen
Strandet nicht im Sand
Sondern will nur dazugehören

Und der Sänger gleitet langsam ins Meer
Umkreist den Walfisch so als wollte er
Mit ihm hinaus schwimmen auf Nimmer-Wiederkehr

Glück ist die Fähigkeit, es zu erkennen

Geschäftiger Müßiggang
Sei das Schreiben
Und so fängt der Tag mit Müßiggang an
Mit Reimen, die die Nachtgeister vertreiben

Durch die Pinien schimmert der neue Tag
Der erste in diesem Jahr
In meinen Gedächtnis-Schubladen suche ich nach einem
    passenden Zitat
Einem besonderen, wie ein Vorsatz, meist unausführbar

Das hilft Unvermögen beim Namen zu nennen
Wie wär's mit „Glück ist die Fähigkeit, es zu erkennen".[*]

[*] Carolyn Wells

Ihre Rückkehr

Der Pfeifenreiniger war heute die Erinnerungsfalle
Immer hast du einen an deiner Reisetasche befestigt
Taschen sehen auf dem Fließband gleich aus - fast alle
Deine hatten dieses rot-weiße Pfeifenraucher-Relikt

Es war deine Lieblingstasche, die ideale Gepäck-Fracht
Heute suchte ich nach ihr für meine nächste Reise
Der Pfeifenreiniger sah aus als hättest du ihn gerade angebracht
Du hattest ihn rund gebogen zu einem bunten Kreis

Manchmal lade ich die Erinnerung ein zu verweilen
Mich zu begleiten an unseren Platz am Meer
Dann niste ich mich ein zwischen Gedicht-Zeilen
Lasse sie vorüberziehen und warte auf ihre Rückkehr.

In Ruhe lassen

Wenn Erinnerung das ist
Was wir meinten vergessen zu haben
Ist Vergessen eine wunderbare List
Uns irgendwann selbst zu erfreuen mit den Erinnerungsgaben

Die wir uns genüsslich servieren
Die unerfreulichen hatten wir verschönt oder
aussortiert
Wer will sich schon vor sich selbst blamieren
Wie sind wir doch tüchtig und talentiert!

Darin, sie zu vergraben in unzugänglichen Schichten
Bis sie plötzlich ihr Verließ verlassen
Im Glücksfall entstehen aus ihnen Bilder oder Geschichten
Mit manchen muss man sich befassen bis sie einen in Ruhe
lassen.

Niemals allein

Lieber sind mir oft die Bücher
Als die Menschen in ihrer Hektik
Dann umgebe ich mich mit ihnen, fühle mich sicher
Wie andere mit der Musik

Nur sie können mehr als das Gegenteil von Stille sein
Und wer Stille ertragen kann, ist niemals allein.

Auf der Erfolgsreise

Privilegiert zu sein, ist ein Gedanke
Der vom Kopf ins Herz gewandert ist
Dort hat er sich eingenistet, sagt danke
Und weiß gleichzeitig, kein Realist

Würde so leben wollen
Mit vielen Katzen in einem Holzhaus zu wohnen
Ist sicher originell doch was bleibt von den Statussymbolen
Weit und breit keine Spur – wie und das soll sich lohnen?

Nicht direkt
Doch seltsamerweise
Finden einige Freunde es perfekt
Nur sie selbst wären doch lieber auf der pekuniären Erfolgs-
    Reise.

Ich auch

Der kleine Sabinabaum vor der Terrassentür
Wiegt sich im Wind
Dann bist du hier
Wenn ich die Augen schließe sind

Alle Träume in der Gegenwart
Warten immer da und bleiben
Wie Schutzgeister, die auf ihre Art
Dämonen vertreiben

Nur wer an sie glaubt
Spürt ihren Hauch
Und überhaupt
Einst gehöre ich zu ihnen – ich auch.

Aber man sieht es mir nicht an

Chicas eulenäugiger Blick tut gut
In ihrer schüchternen Anhänglichkeit
Ist sie zwar immer auf der Hut
Doch sie weiß Bescheid

Scheint Melancholie und Trauer zu spüren
Und kuschelt sich ein
Neben all den Papieren
Findet sie genau den Platz für sich allein

Der ihr und mir gefällt
Ein behagliches Schnurren sagt:
So ist sie unsere kleine Welt
Immer wieder sind wir wehmütig verzagt

Doch schau mich an
Ich bin zwar eine Angsthäsin – aber man sieht es mir nicht an.

Lebens-Gefühl

Inzwischen ist so viel Zeit vergangen
Da sind Erinnerungen wie Legenden
Die heiter und glücklich anfangen
Obgleich jeder weiß: sie werden traurig enden

Mein derzeitiges Leben ist eine Kombination
An einem Tag wie heute
Weiß ich am Morgen schon
Der Tag bringt Freude

Und so endet er
Mit einem Rundgang am Meer
Ein Undankbarer ist wer
Es nicht Glück nennt — das Inselleben und das Lebens-Gefühl:
    Weniger, aber Meer …

Tages-List

Ständiger Wandel ist das derzeitige Lebensgefühl
Ich befinde mich in guter Gesellschaft
Und habe kein Ziel
Nur einen alten Philosophen – bruchstückhaft
Und seine Wahrnehmung: alles fließt
Unablässige Bewegung und Veränderung
Und eine Galgenfrist
Ich bin der Meinung:
Auch sie ist im Wandel – je nach Tages-List.

Nur ein Tier-Gedicht

Einen erstklassigen Tagesplan
Habe ich mir zurechtgelegt
Pflichtbewusst fange ich an
Konzentriert, mit Konzept

Dann geschieht – nichts, nur
Nina, die Gasthündin
Jagt die Katzen, ich schaue auf die Uhr
Schon lange sitze ich einfach da, still für mich hin

Dann streichelt die Muse sanft über Stirn und Gesicht
Doch heraus kommt wie so oft, nur ein Tier-Gedicht.

Drei Lebensstationen

Wenn die Zeit still zu stehen scheint
Breitet die Erinnerung ihre Flügel aus
Sie dringt ein in die Gegenwart und vereint
Mit der Zukunft drei Lebens-Stationen in einem Haus

Das Haus der Gegenwart bedeutet Leben
Freude und Leid und ein wenig Glück
Vergangenheitsfreuden schweben
Immer in die Zukunft und halten ihn fest: den glücklichen
    Augenblick.

Savina

Um die *casita*
In dem fast undurchdringlichen Piniengeäst
Wächst immer wieder ein *savina*
Er ist ein Zypressen-Gewächs

Gilt als heiliger Baum und wächst sehr langsam
Ein phönizischer Wacholder – seine Zweige
Erwärmen, heilen Rheuma, sein Duft ist wie Balsam
Sein samtenes Grün eine Augenweide.

Im Sonnenlicht

Auf den Meerspaziergängen sorgt sie noch immer
Für Vergnügen, die Steine-Sammel-Leidenschaft
Jeder einzelne ein Handschmieger, mit diesem Schimmer
Von Einmaligkeit, der es schafft

Dass man ihn neugierig betrachtet
In betastet von allen Seiten
Auf seine Form, seine Besonderheit achtet
Seine eingeschlossenen Maserungen schon von weitem

Erkennt, die den Blick auf sich lenken
Manchmal möchte man ihn als Glücksbringer behalten
Oder ihn einfach weiter verschenken
Von all den Vorlieben, den kindlichen, den alten

Ist Steine-Sammeln ein Spiel mit Formen und Farben im Licht
So etwas wie das Spiel mit Worten
Ein Glücksspiel – wie ein Gedicht
Und manchmal entsteht es an magischen Orten – mit
    schillernden Steinen im Sonnenlicht.

Bis zum Horizont

Manche Tage sind wie ein Geschenk
Mit Irmelishka mache ich einen Meer-Spaziergang
Die Hunde toben wie Kinder im Sand
Möwen – Wellen – Meergesang

Ein Blau in den hellsten und dunkelsten Tönen
Nur wenige Fußspuren im Sand
Wir lassen uns von Wolken und Meer verwöhnen
Wortlose Segel-Blicke bis zum Horizont

Zwei Monolog-Künstlerinnen
Werden zu schweigenden Meer-Verehrerinnen.

Goldfarbene Knopfaugen

Auf dem Weg ins Nachbardorf
Fahre ich an einer *basura* vorbei
Manchmal halte ich an
Um zu schauen ob jemand
Eine Bücherkiste abgestellt hat

Heute war es jedoch ein Schaukelpferd
Aus Holz mit braunem Fell
In perfektem Zustand
Nur Augen und Schwanz fehlten

Ich hatte mir gerade braune Fellpantoffeln gekauft
Aus genau dem gleiche weichen Fell
Seitlich hatten sie braune Bommeln

Das Schaukelpferd hat jetzt wieder einen Schwanz
Und die schönsten goldfarbenen Knopfaugen
Demnächst besucht mich Max
Ich bin seine von der Insel reich beschenkte *madrina*.

Trostspendende Art

Jetzt werde ich mich lesend zurückziehen
Mich noch nicht dem Tag stellen
So bin ich auch
Sagte meine Freundin auf dem Anrufbeantworter
Früh am Morgen

Sie hatte gerade „An die Traurigkeit" von Alfonsina Storni
    gelesen
Die brauchen wir auch, meinte sie in ihrer unnachahmlichen,
    trostspendenden Art.

Blütenduftwärme

Noch darf man Palmen beschneiden
Der Palmrüssler macht seinen Winterschlaf bevor er radikal
Seine Gefräßigkeit einsetzt in den warmen Sommerzeiten
Blütenduftwärme erfüllt schon das Tal

Der blaue Dunst der verbrannten Palmzweige
Lässt eine aromatische Mischung entstehen
Ein Tag geht zur Neige
Einer dieser Insel-Tage im Kreislauf von Werden und Vergehen .

Passion und Magie

Passionsblume und *Morning-Glory* treffen sich demnächst
Auf halbem Wege
Rechts am Stuhl hält sich die *Morning* fest
Links kommt ihr die Passionsblume noch nicht ins Gehege

Nicht ganz so schnell wächst der Efeu mittendrin
Ob sich die drei wohl vertragen?
Die Natur ist die Malerin
Ich darf den Rahmen beitragen

Am Ende des Sommers wird das Bild zu besichtigen sein
Blau wird es leuchten – Passion und Magie
Schon jetzt sieht man im Sonnenschein:
Die Natur entfaltet Genie und Phantasie

Eine Medizin ist der Tee der Passions-Blätter und Stängel
Er hilft bei Angst- und Herzbeschwerden
Die Frucht ist süß, man schläft danach wie ein Engel
Passions-Blumen-Züchterin sollte frau sein

Ich werde ihr einen eigenen Stuhl reservieren
Im Herbst schaue ich mir das Ergebnis an
Vielleicht kann ich mich bis dahin mit dem Tee therapieren
Und entscheide dann …

Kratzpfötig

Zu zweit wärmen mir Chica und Puschel die Füße
Ineinander gekuschelt schnurren sie leise
Eine gegenseitige Geborgenheit wie diese
Ist nur denen vergönnt, die auf ihre Weise

Unabhängig sind und Gegensätze genießen
Hingebungsvoll und unvermittelt kratzpfötig
Sind sie wirklich auf Menschen angewiesen?
Nun ja, solange es sich ergibt
Und der Mensch die Unabhängigkeit eines eigenständigen
    Lebewesens ohne Gegenleistung liebt.

Ganz konkret

Ein Stichwort genügt
Gerade heißt es „Hunde-Geschenk"
Dass es zu viele von ihnen gibt
Weiß jeder, der die Insel kennt

Paco hat sechs zu verschenken
Die Hundemama liebt ihre Schönlinge sehr
Der kleinste, zu kurz Gekommene lebt schon in Betten und
    Schränken
Nein, sage ich, in die *casita* passt kein Vierbeiner mehr

Und so suchen wir dringend Hundeliebhaber
Auf dem *mercado* und über das Internet
Noch passen die sechs durch die Katzenklappe, aber
Ohne Babyspeck sind sie nicht mehr ganz SO nett
Und sie brauchen ein warmes Bett und Zuwendung –
    ganz konkret!

Wie Lebenskunst

Immer noch vergesse ich manchmal
Die *casita*-Tür am Abend abzuschließen
Zwischen Pinien mit Blick über das Tal
Spüre ich an grauen Tagen wie diesen:

Hier bleibe ich mit all den Katzen mitten in der Natur
Auch wenn das kleine zu verkaufende Haus am Meer
Die leichter zu bewältigende Alternative wär
Denke ich mir:

Der Blick über die Hügel auf diesem Berg der Gegenwart
Ist so etwas wie Glück, wie Schicksals-Gunst
Die zu verspüren ihren Zauber bewahrt
Ist dieses Erkennen nicht so etwas wie Lebenskunst?

Windstille

Nach der stürmischen Zeit
Das Zweigeverbrennen geht gut von der Hand
Eine Arbeit – früher zu zweit
Die Katzen schauen zu – in gebührendem Abstand

Jedes Mal erbitte ich vorher telefonisch Erlaubnis
Ich lebe im Wald, von Pinien umgeben
Nur wer die Feuergefahr kennt, kennt auch die Besorgnis
Und das Glück, auf einer so grünen Insel zu leben

Kartoffeln garen in der Asche, wie in Kinderzeiten
Die Natur ist eine Fürsorgerin
Umgeben von Grün und himmelweitem
Sternengefunkel in der Nacht bin ich ihre dankbare
    Verehrerin.

Deine Kritik

Chica ist die Klügste von allen
Wenn sie mit etwas nicht einverstanden ist
Muss sie es zeigen – ihr Missfallen
Rigoros und überlegt – sie pisst

Gestern traf es das *tablet*
In meinem Zorn setzte ich sie vor die Tür – in den Regen
Sie weiß, ich bin angewiesen aufs Internet
Der Spezialist konnte nicht versprechen, den Schaden zu
    beheben

Mit zweieinhalb Tagen Abwesenheit bestrafte sie mich
Das *tablet* – gereinigt – ist wieder funktionstüchtig
Und hat jetzt einen anderen Platz neben dem Schreibtisch
Chica, verstanden habe ich sie – deine Kritik.

Und sie denken doch

Sie sind unsere Begleiter
Die unsere Sorgen kennen
Ihre Anhänglichkeit stimmt uns heiter
Wie gut, dass sie nicht reden können

Im oft chaotischen Haushalt einer Freundin
Wird eine Mahlzeit manchmal vergessen
Dann nimmt Mia den Fressnapf ins Maul, stellt ihn vor sie hin
Und meint, es wäre an der Zeit, wieder einmal etwas zu essen

Chica, ich verspreche, dir die köstlichste Rinderleber zu
    servieren
Wenn du aufhörst aus Protest auf das *tablet* zu urinieren.

Zuversicht

Niemand macht mir so viel Mut wie du
Niemand macht für mich Zuversicht sichtbarer
Deine Farben leuchten, deiner Wortmelodie höre ich zu
Das Wort kleinlaut aus deinem Mund ist ein wahrer

Euphemismus, denn du hättest allen Grund
Weniger als kleinlaut zu sein, den Jammerweg zu wählen
Selbst dann sähe ich im Hintergrund
All deine Bilder, die deine Geschichten erzählen

Eine Herausforderung in Farben
Eine Ausrichtung nach dem Licht
Eine Umwandlung der hinterlassenen Narben
In Bilder – in Zuversicht.

Für Christiane

Vertrauen ist das Zauberwort
Mit Blick in den leuchtenden Abendhimmel hinein
Gehen wir ein Stück den Erinnerungsweg in diesem kleinen Ort
Im untergehenden Sonnenschein

Wir erzählen uns Geschichten und sind uns bewusst
Auf dieser Insel haben wir eine Heimat gefunden
In sie passt die ganze Wehmut und Lebenslust
Die uns begleitet in all den Stunden

Der Rückbesinnung und auch der Kunst
Kleine Inselfreuden wie diese festzuhalten
Und mit Hilfe unserer Lieben und Schicksals-Gunst
Unser Leben immer wieder neu zu gestalten

Stunden bei ‚Ribas' und im Abendsonnenlicht wie diese
Sind Geschenke, wie unser gegenseitiges Vertrauen, wie
    die am Wegesrand gelb schimmernde Wiese.

Durch Singen

Manchmal beginnt ein Tag wie ein Gebet
Voller Flehen – ohne Daseinsfreude
Dann zieht Hoffnung Energie an wie ein Magnet
Und schon der Mittag zeigt: Heute

Duftet es ringsherum nach Rosmarin
Und es wird das gelingen
Was noch am Morgen unvorstellbar erschien:
Flehen ersetzen durch Singen.

Vergehen und Werden

Ein Traum ist wie ein Erlebnis
Intensiv und unvorhergesehen
Immer das Ergebnis
Früherer Erfahrung – ein Wiedersehen

Manchmal eine Konfrontation
Nichts an dem Traumgeschehen scheint fremdartig
Unerwartet und surrealistisch schon
Und doch wie Rhythmus – auch wie Musik

Eine Einheit – das ganze unbegreifliche Sein
Körper und Seele im Universum
Wie unfassbar sind wir – wie klein
Und doch umgibt uns der ganze Reichtum

Unseres Daseins auf Erden
Ein Wunder von Vergehen und Werden.

Wie immer

In meinem Paradies
In der *casita* im Wald
Lauern Gefahren im Sommer und schon bald
Vielleicht auch im Winter, denn es hieß

Die Trickbanden hätten jetzt
So ihre eigene Kommunikation
Und wüssten lange schon:
So ein Holzhaus im Wald ist nicht zuletzt
Untereinander eine Anlauf-Station

Für Räubereien, die auf Naivität der Beraubten bauen
Bei guten Trick-Ideen bestens einstudiert
Wie Job- oder Haus-Suche – höflich und routiniert
Einer lenkt ab und die anderen klauen

Eine geniale Version ist die:
Zwei junge Schöne kommen, springen nackt in den Pool
Die erstaunten Besitzer sagen belustigt – noch cool:
Das soll wohl ein Scherz sein

Ach nein
Sagen die Schönen, wir wollen hier buchen
Im „Hotel Rural", das wir gerade suchen

Und während der Diskussion mit den freundlichen Schönen
Hat sich der Hintermann im Haus umgesehen
Und alles geklaut, was er fand
Die Nachforschungen der Polizei verliefen wieder im Sand.

Auf das Glück

Manchmal gelingt es Glücksmomente einzufangen
Manchmal sind sie für immer verschwunden
Im Glücks-Meer, in das nur die Glücklichen gelangen
Dort sieht man dann Wellen die Glücksinseln umrunden

Und ganz von weitem fällt ein sehnsüchtiger Blick
Auf die Glücksinsel im Meer, auf das ferne Glück
Einst war es das Ziel, doch Schicksal und Missgeschick
Hinterließen nur den Blick auf das Glück.

Für den Augenblick

Augenblicke die aus der Zeit fallen
Sind wie Erinnerungs-Kleinode, die von allen

Schon immer die schönsten waren
Und die nach Jahren

Ein Zufall wieder aufleuchten lässt
So wie jetzt

Eine Wahrnehmung von Glück
Für den Augenblick.

Einmal abgesehen

Auf einer Insel ist es immer wieder zu spüren
Das Unendliche – nur vom Horizont begrenzt
Himmel und Erde, die sich berühren
Im Zauber der Farben, durch Bewegung ergänzt

Wenn dann die Mondspiegelung die Wellen teilt
Ein Silberband auf dem die Gedanken spazieren gehen
Fühlt jeder, dass Insel-Zauber Wehmut heilt
Von Todtraurigkeit einmal abgesehen.

Wegweiserin

Mich interessiert die Ambivalenz
In einem Holzhaus mit Tieren zu leben
Ist EINE Seite der Existenz
Manchmal breche ich aus und führe ein Doppelleben

Das ist die Kehrseite und Inspiration
Wie privilegiert ich bin!
Ein Schweiger durchbricht seine Beobachtungs-Position
Sein Neid ist keine hilfreiche Wegweiserin.

Bilder-Welt

Einen Eindruck auszumalen ist Spielerei
Worte statt Farben – ein Bild entsteht
Eine Bildgeschichte wie eine Liebelei
Wie weit das Farben-Spiel geht
Bestimmt ganz allein der Betrachter
Kunst ist Können das gefällt
Spieler und Spielverächter
Sind gefangen in ihrer eigenen Bilderwelt.

Dem neuen Tag

Dem Wirrwarr des Tages einen Sinn zu geben
Nichts anderes sind Gedanken-Spiele
In geschenkten Augenblicken davon zu schweben
Mit Hilfe von Farben, von Worten, Phantasien und vielen

Freuden-Momenten, die wahrzunehmen
Training erfordert im Einvernehmen
Mit dem, was noch kommen mag
Um ihm gelassen entgegen zu sehen – dem neuen Tag.

Man sucht nach den Tätern

Die vorhandene Energie einzusetzen
Ist die kleine Freiheit, die jeder hat
Sie in endlose Lamentos zu übersetzen
Bleibt demjenigen nicht erspart

Der die Schuld in seiner Umwelt sucht
Oder dem Schicksal und anderen Verrätern
Es ist ein wenig wie mit der Eifersucht
Der Eifer ist da und man sucht nach den Tätern.

Neue Eroberer

Die Insel zieht viele Eroberer an
Sie hat den Ruf paradiesisch zu sein
Nicht nur das leuchtende Grün plus Himmelblau zieht
    Mensch und Tier in ihren Bann
Ein Edelstein im Sonnenschein!

Die neuen Schönen haben sie in Besitz genommen
Sie sind gefährlich und leben gern auf Bäumen
Die Ibizenkos heißen sie nicht willkommen
Ihr Anblick verführt nicht zum Träumen

Mit Fallen rückt man ihnen zu Leibe
Doch sie sind nicht nur schön sondern auch klug
Ihnen gefällt ihre neue Bleibe
Und geeignete Verstecke gibt es genug

Sie greifen nicht an, sind scheu und geschickt
Doch ihr Anblick scheint Ur-Ängste auszulösen
Schon einmal waren sie maßgeblich an der Paradies-
    Vertreibung beteiligt
Die neuen Besetzer zählen zu den Bösen

Und wollen bleiben
Lassen sich weder fangen
Noch vertreiben
Die vielen schönen und gefährlichen Insel-Schlangen.

Lebenswert

Er lauert hinter jeder Zeile
Ihn zu vertreiben erfordert Geschick
Und Ausdauer – keine Eile
List und Zuversicht in den Augenblick

Und ziemlich viel Vertrauen
In die Schicksalsmacht
Wenig Bereitschaft den Mächtigen zu trauen
Willkommen Meister Zweifel, zusammen erleben wir
    was das Leben lebenswert macht.

Nicht zu planen

Es widerfährt uns
Ohne Vorankündigung – das Glück
Glück, Liebe, Kunst
Überwältigen uns im Augenblick

Und gehen ihrer Wege
Zu dem nächsten Glücklichen
Auch der ist kein Glücks-Stratege
Glück ist weder zu planen noch zu ehelichen.

Der Lamentierer

Wenn mir wieder einmal ein Lamentierer begegnet
Versuche ich mit Gleichmut zuzuhören
Was ist anderes zu tun wenn es regnet
Als mit Regenschutz zu spazieren, statt sich zu beschweren

So ein leidgeprüfter Lamentierer
Ist beträchtlich stolz auf seine Empathie
Wie ist er geübt in der Opfer-Rolle als Verlierer
Und wie viel Zeit und vor allem Selbstmitleid erfordert sie

Der talentierte Lamentierer
Hat massenhaft Zeit und noch mehr Energie
Wäre er ein energieloser Verlierer
Brauchte er beides als Überlebens-Strategie

Der Lamentierer findet immer einen Schuldigen
Selbst nicht notleidend denkt er – nicht froh:
Wie schaffen das all diese gleichmütigen Geduldigen
Nicht zu klagen – auf diesem ach so hohem Niveau.

Kehre ich zurück

Wenn ich mir auf die Nerven gehe
Fahre ich zum Meer
Schon von weitem höre ich es rauschen und noch eh
Ich seine glitzernde Weite sehe
Brauche ich keinen anderen Trostspender mehr - in der Näh

Ich versöhne mich mit mir – allein im Glück
Das Meer, der Horizont scheint unendlich und tröstend zu sein
Doch nach einer langen Weile frage ich mich:
Schwimme ich weiter oder kehre ich zurück?

Für die Katz

Glück ist ebenso wenig herbeizusehnen
Wie Unglück herbeizufürchten
Wenn die Glückstage wie vorausgesetzt jetzt kämen
Wäre auch gegen die unglücklichen nichts auszurichten

Und so befrage ich lieber die Katzen statt die Sterne
Erizo hat schon eine Auskunft parat
Er liegt auf dem neuen Dach über dem Holzplatz
Wenn du mich fragst: genieße die Gegenwart
Das Herbei-Sinnieren ist nur für die Katz.

Der kommt bestimmt

Wenn ich wieder einmal einem Mutanfall erliege
Zücke ich Stift und Papier
Schaukele in der Hängematte wie das Kind in der Wiege
Oder der Luxusdampfer-Passagier

Und schreibe kleine feine Reime
Solange der Anfall seinen Verlauf nimmt
Die unfeinen ersticke ich im Keime
Zum Schluss warte ich auf den nächsten Anfall, denn der
    kommt bestimmt.

Im Lebens-Labyrinth

Geschichten erzählen
Heißt Gedanken ausmalen
Bilder entstehen
Die in individuellem Licht erstrahlen

Die Blicke derjenigen auf sich ziehen
Die in diesem Lichtkreis gefangen sind
So wie Blumen für Bienen blühen
Oder umgekehrt, wer weiß schon wer zuerst da war im
    Lebens-Labyrinth.

Strategie

Wahrnehmung und Imagination wirken immer zusammen
Sie festzuhalten erfordert Ausdauer und Phantasie
Manchmal brauchen die Bilder einen Rahmen
Lebt der Künstler davon, benötigt er außerdem eine Strategie

Wenn dann die reale und die Bilderwelt zusammenfinden
Ist das Schicksals-Gunst
Sie als Glück zu empfinden
Ist Lebens-Kunst.

Nicht unterwürfig

Solange der Weg am Abend zum Meer hinführt
Solange ist das Leben lebenswert
Ein Tag der sich wie Wellen am Strand verliert
Hat sich als All-Tag bewährt

Ist Bestandteil des Erinnerungs-Hab und Gut
Vorwärts zu sehen und rückwärts zu schauen
In Zeiten von Trauer, Besinnen, auch von Mut
Gibt neues Selbstvertrauen

Von allen Naturgewalten ist die Meeres-Macht
Eine die trotz Übermacht nicht unterwürfig macht.

Eine kleine Weile

Es gibt sie noch – diese kleine Weile
Je kleiner umso kostbarer
Mit jedem Bild und jeder Zeile
Wird sie ein Bewahrer

Einer langen Zeit
Des Wunders Leben
Jeder Augenblick dieser Kostbarkeit
Wird nur dann bewusst, wenn Stunden wie Sekunden
    entschweben
In die Unendlichkeit – in den Traum vom Ewigen Leben.

Nachtfalter tanzen

Wenn der Sabina-Baum leise flüstert im Wind
Ein Hibiskus rot hinter dem Dreschplatz verglüht
Wenn alle Spatzen im Schlafbaum versammelt sind
Und ein Duft von Rosmarin durch die Dämmerung zieht

Ist sie wieder spürbar die Wahrnehmung der Freiheit
Ein Teil zu sein vom Großen Ganzen
Im sichtbaren Ausschnitt von Raum und Zeit
Für eine kleine Weile in der noch große Wünsche wie
    Nachtfalter tanzen.

Ohne Buße

Wie ist das gelungen
Unangenehmes auf Morgen zu verschieben
Ich habe mir ausbedungen
Den Tag zu verbringen – nach meinem Belieben

Jede Stunde sozusagen ein Genuss
Man könnte es auch verantwortungslos nennen – leichtfertig
Oder Belohnung – ein Tag ohne Muss
Und ganz ohne Zwang seine Sünden bekennen

Obgleich ja die lässlichen, leichten
Ohne Buße vergeben werden – beim Beichten.

Bis zum Morgengrauen

Wieder nur Alltag
Aber die Jakaranda macht froh
Was immer heute noch kommen mag
Die Katzen und ich sehen es so:

Gelassenheit ist unser Ziel
Ein Wirbelsturm ist angesagt
Im Zweifelsfall ist die *casita* der Ort
An dem uns kein Sturm plagt

Mitten in der Natur
Vertrauen kann nicht schaden
Ist aber auch nur
Dann hilfreich wenn die Insel-Geister unser Versteck nicht
    verraten

Tagsüber sind sie uns wohl gesonnen
Nachts – na ja – da kann es vorkommen
Dass die Zuversicht schwindet
Und sich bis zum Morgengrauen nicht wiederfindet.

Von allen

Heute morgen lag ein Geschenk auf der Fußmatte
Wieder einmal – aber es machte nicht froh
Ein so großes wie ich es vorher niemals gesehen hatte
Sofort wusste ich: es ist von Erizo

Eine ziemlich dicke Ratte
Warum schenkt er sie mir?
Ich fragte ihn, der Blick sagte: Keine Debatte
Als Katz bin ich nicht wie ihr

Zu meiner Welt gehört das Jagen
Und diese Ratte hat dir doch auch nicht gefallen
Sonst noch Fragen?
Ich hätte dir auch einen Hasen bringen können, aber
    als Geschenk magst du den am wenigsten von allen.

Zauberstab

Im Traum kehren sie zurück
Die verlorenen Gedanken – verweilen einen Augenblick

Manchmal haben sie Flügel
Oder sehen aus wie Igel

Oder Katzen
Deren Stachel samtig werden beim Betasten

Dann hält das Phantasietier eine Nachricht in den Pfoten
Vielen Dank Hermes, Gott der Magie

Es geht einfach nicht ohne Götterboten
Mit Hilfe deines Zauberstabs entschlüssele ich sie

Die verlorenen Gedanken aus glücklichen Zeiten
Sie werden mich in den nächsten Traum begleiten.

Außer den Katzen und Eidechsen

Ein grüner Stuhl von Efeu umwachsen steht jetzt da
Vor langer Zeit beeindruckte er uns in einem Parador in
    Malaga

Immer wieder tauchte er in meinem Gedächtnis auf
Weder Stuhl noch Strauch – ein Begleiter im Lebenslauf

Niemand kommt auf den Gedanken, ihn zu besetzen
Außer den Katzen und den Eidechsen.

Applaus

Bougainvilla und Sonnenlumen blühen gleichzeitig
Eine Farbenpracht
Nur die Sonnenblume dreht sich mit dem Sonnenlicht
Erwischen lässt sie sich dabei nicht
Vielleicht dreht sie sich auch bei Mondschein, in der Nacht?

Begleitet wird das Leuchten von Grillen-Konzerten
Der August schüttet seine Geschenke aus
Überhäuft bedanke ich mich am Abend bei den Farb- und
    Musik-Experten
Und spende einen kleinen Dank-Applaus.

Im Abendschimmer

Wo immer du jetzt bist
Du wirst sehen, die Jacaranda blüht
Die blaue Pracht ist wie ein Fest
Das alle Aufmerksamkeit auf sich zieht

Und der Efeu-Stuhl – erinnerst du dich
Damals im Garten des Paradors in Malaga
Jetzt steht einer in deinem Garten – an einem Efeu-Tisch
Erst in diesem Jahr

Wächst das Efeu aus allen Ritzen
Nur die Katzen haben nicht erkannt:
Das ist kein Stuhl zum drauf Sitzen
Im Hintergrund, an der Efeu-Mauer-Wand

Tummeln sich freche Spatzen
Die dich bei der Gartenarbeit oft erfreuten
Sie haben immer noch keinen Respekt vor den Katzen
Aber die erbeuten

Auch lieber Eidechsen oder deren abgeworfene Schwänze
Du siehst, alles ist wie immer
Nur du bist jetzt hinter jener Grenze
An diesem unsichtbaren Ort
Gibt es dort
Einen Ersatz für Jacaranda-Schönheit und Efeu-umrankte
    Stühle im Abend-Schimmer?

Des Menschen Wille ist sein Himmelreich

In einer Waldhütte voller Katzen und Bücher zu leben
Um mein altes Haus durch Vermieten am Leben zu erhalten
Ist für manche meiner Freunde skurril bis verwegen
Schließlich fegt der Wind im Winter durch Fenster und
    Türspalten

Wenn die Katzen sich dann ankuscheln, schnurrend und
    samtweich
Höre ich Oma aus jenem anderen Sternen-Reich sagen:
    „Des Menschen Wille ist sein Himmelreich".

Allmacht Leben

Nur von der Kunst lässt sich eine Verführerin verführen
Nur der Farbverschwendung gibt sie sich hin
Den silbrig glänzenden Olivenzweigen, die sich in der
    Abendsonne verlieren
Der großen Natur-Verschwenderin

Vielleicht lässt sie sich doch noch einmal verführen?
Beschließt, den Großstadt-Hochsitz aufzugeben
Wer will schon ohne Versuchungen existieren
Und wie viele Wunder bietet noch die Allmacht Leben?

Im Hellen

Wie sehr wir von Geistern umgeben sind
Spüren wir vor allem in der Nacht
Dann kommen sie unsichtbar wie der Wind
Und spielen mit uns und ihrer Macht

Wenn sie es gut mit uns meinen
Schenken sie uns Ideen, mobilisieren Kraft und Widerstand
Oder sie bringen uns zum Weinen
Sie verstärken einfach nur unseren Gemützustand

Manchmal beschützen sie uns
Wenn wir ihnen Übelwollen unterstellen
Entziehen sie uns ihre Gunst
Wir sind Nacht-Gedanken-Gespenster, aber helfen
    können wir auch im Hellen

Du darfst uns auch Engel nennen
Wir sind freie Geister, die sich nicht nur zu einem Christen-
    Gott bekennen.

Aber

Gedichte bieten Zuflucht
Es mag aber-witzig klingen
Vielleicht sind es
Aber Gedichte der Sehnsucht
Nach einem Aber-Leben vor allen Dingen
Aber nach einem Sinn
Nach all der Aber-Sucht
Und dem Aber-Glauben, immerhin
Bieten Gedichte Zuflucht.

Im Zusammenleben

Alle Katzen haben sich eingefunden
Auf dem Zisternendach genießen sie die letzen Sonnenstrahlen
Noch ist die Sonne nicht hinter den Pinien verschwunden
Sich auf warmen Dachziegeln zu aalen

Ist Katzen-Manier
Habt ihr mich vermisst?
Kennt man Sehnsucht als Katzentier?
Weiß eine Katz was das ist?

Freude, Trauer, Angst und Fürsorge kennen sie
In der Tiersprache sind das Laute und Gebärden
Wir Menschen kennen nur die
Die im Zusammenleben verstanden werden.

Ein Tagebuch

Manchmal fällt aus dem Erinnerungs-Nest
Ein Küken, das noch nicht fortfliegen kann
Wir halten an unseren liebgewonnenen Erinnerungen fest
Bis sie flügge sind, ihr Eigenleben führen um dann

Wieder zur Seite zu stehen
Bei ungelösten Aufgaben und Fragen
Auch damals war ein Ausweg zu sehen
In unübersichtlichen Lebenslagen

Jetzt nehme ich den Erinnerungs-Trost in Anspruch
Er ist hilfreich wie ein Sparbuch oder ein Tagebuch.

Unerfüllbar

Wenn wieder einmal ein Morgengedicht gelingt
Ist der Rest des Tages ein Kinderspiel
Oder wie ein Sonnenstrahl, der durch Pinien blinkt
Den Tag ankündigt mit einem Gefühl

Von Sinn und Zuversicht, nach einer trostlosen Nacht
Ihn als ein Geschenk annimmt
Das, noch unausgepackt, neugierig macht
Und so mitbestimmt, ob er Zutrauen gibt oder nimmt

Das Gedicht ist austauschbar
Es steht für: immer wieder wandelbar
Für Anfang, für Konzentration, für frei von Hilflosigkeit
    und Gefahr
Manchmal auch für einen Wunschtraum – unerfüllbar.

Sonne und Licht

Der Blick auf den *sabina*-Baum
Ist Einblick, Anblick, Blick zurück
Ich schaue auf seinen Stamm, die Äste sehe ich kaum
Sie wachsen in den Himmel - *casita* im Glück

Es ist nur der erste Tag im Neuen Jahr
Ich genieße Sonne und Licht
Nichts ist vorhersehbar
Nur eins: Immer wieder die Sehnsucht nach Zuversicht
    und einem neuen Gedicht.

Dichter

Ich bin der leuchtende Morgenstern
Den man von anderen Sternen unterscheiden kann
Man sucht mich aus, man sieht mich fern
Ich ziehe Menschen in meinen Bann

Dabei leuchtet der Wilhelm so hell wie ich
Warum liebt man gerade meinen Schein?
Vielleicht ist ein Busch-Stern zu prosaisch
Mein Name scheint poetischer zu sein

Und so leuchten wir wie Millionen Lichter
Und sind doch unverwechselbar – wie Sterne – eben Dichter.

Einfallsreich

Mit zunehmender Krise werden die Trickser origineller
Sie fallen seltener darauf rein – die Reichen
Die Überlebensstrategien wechseln schneller
Auch die Nicht-Reichen sind die, die sich noch einen
    schönen Urlaub leisten

Die *finca* von Freunden gehört zu der begehrten Sorte
Mitten unter Pinien – nicht weit vom Strand
An einem jener Orte
Verbringt der fleißige Mittel-Schichtler gern seinen Urlaub
    zwischen Pool und Sand

Die Gäste fühlen sich wohl, schlafen bis spät in den morgen
Ein wahres *finca*-Urlaubs-Vergnügen
Einmal pro Woche hat ein Putzteam für Sauberkeit zu sorgen
Zuverlässig beseitigt es Alltagsspuren, diskret und verschwiegen

Höflich erschienen sie mit Putzutensilien
Zufällig war die Freundin nicht anwesend
Die Gäste lagerten am Pool – ohne Textilien
und waren dankbar für den Komfort, das gute Management.

Die Putzkolonne räumte auf mit Bargeld, Schmuck und
    Leckerbissen
Verabschiedete sich höflich
Und als sich die Gäste zufrieden wieder im Haus niederließen
    war klar ersichtlich:

Die klugen Trickser arbeiteten gründlich routiniert,
    die Polizei protokollierte alles
Und registrierte unbeeindruckt: die neuen Klauer sind schlau
Die Sauber-Macher hatten vorher gut recherchiert
Ein neuer Fall von einfallsreichem Klau…

Das Katzen-Gesindel

Der Alltag hat so seine Tücken
Die sind zuweilen unersprießlich
Besonders unbeliebt sind Zicken
Von jenen, die schließlich

Für Wohlbehagen zuständig sind
Für Behaglichkeit sorgen, wenn man keine Eile hat
  – ich denke da nicht an das liebe Kind –
Und klemme mich in der Mittagshitze matt

Hinters Steuer nach einem kurzen Schwatz
Zu Hause angekommen, es ist heiß und stickig
Verlässt mit mir das Auto eine verschlafene Katz
die Begrüßung der Meinigen ist nicht herzlich

Allen Katzen gefallen warme Autositze
Offene Fenster heißt für Miezen: Einladung
Ein Schläfchen im Schatten bei Mittagshitze
Eine höchst willkommene Ablenkung

Und so verfrachte ich die schlaue Katz
Wieder auf den Rück-Bank-Platz
Und kurve um die halbe Insel
Es kann ganz schön lästig sein – das Katzen-Gesindel.

Von den Tieren

Aus Glas sind vier Wände der *casita*
Ein durchsichtiges Schneckenhaus, ist das nicht gewagt?
Und nachts, fürchtest du dich nicht da?
Werde ich manchmal gefragt

Nun, das kommt vor, gebe ich zu mit Unbehagen
Dann schließe ich die Terrassentüren
Eingebrochen wird in den eingezäunten Häusern mit
    Alarmanlagen
Alarm gibt es gelegentlich, doch der stammt von den Tieren.

Wunderlich

Die Sucht morgens zu schreiben ist ziemlich lästig
Vor allem dann, wenn wieder einmal
Schäden zu beseitigen wären – nach anhaltendem Regen
    unvermeidlich
Gott-Lob nicht immer katastrophal

Tagelanger Regen ist selten – hier am Mittelmeer
Und das Loch im Dach ist repariert
Wo um Himmelswillen kommt all das Wasser her?
Claro, der Badewannen-Zimmer-Anbau ist improvisiert

Eine ehemalige Terrasse und viel Glas
Fertig war das Bad mit Aussicht
Der Regen hat sich ein Schlupfloch gesucht – was
Direkt vor der Dusche war – fair ist das nicht

Zement im Haushalt ist wichtiger als Mehl und Ei
Ich mache einen sämigen Aufstrich
Darin habe ich Erfahrung, Löcher zukleistern ist keine Hexerei
Das Leben in einem Wald-Holz-Haus ist – wie eine Freundin
    zu sagen pflegt – bunt und wunderlich.

So eine Dichterin

Wie schön, dass du ein Hobby hast
Sagte jemand, den ich ernst nehme
Entschuldigung, aber das Wort Hobby passt
Nicht ganz zu der Tätigkeit, für die ich mich fast schäme

Ich dichte, und das zu einer Zeit
In der andere in Rente gehen
Ich gebe zu, das Schicksal in seiner Unberechenbarkeit
Trug bei zu den späten Geburtswehen

Nun entstehen ganz viele uneheliche Kinder
Wie peinlich in diesem Alter – am Küchentisch
Ich setze sie nur in die Welt und die Sucher und Finder
Meinen, sie lägen jetzt auf ihrem Nachttisch

Dann freue ich mich über die Morgenbrise
Die mir der Frühlingswind zufächelt
Und über Erich Kästner, der lapidar meint:
"Es gibt wieder Verse bei denen der Mensch froh in die
leere Stube lächelt"
So eine Dichterin möchte ich sein.

Mitteilung an der Terrassentür

Liebe Diebe, ich bedaure sehr
Wertgegenstände und Geld gibt es nicht mehr

Die Arbeit des Scheibeneinschlagens könnte ihr euch sparen
Eure Kollegen waren
Schneller, der alte Fernseher, plus nicht funktionierendem Fax
    gehören sicher nicht zu den Waren

Die euch wirklich interessieren
An euer Mitleid will ich nicht appellieren

Gibt es in Klauer-Kreisen eine Ehre?
Und wäre

Es möglich, dass Pass, Führerschein etc. wegzunehmen
Auch bei einigen Dieben Grund ist, sich zu schämen

Es wäre freundlich von den euch sicher bekannten Kollegen
Die Papiere so zu entsorgen, dass man sie entdeckt –
    irgendwann
Sitzt ihr alle im Gefängnis und dann
Würde ich ein gutes Wort für euch einlegen.

Falsifikat

Auch Trick-Diebe fallen auf Tricks herein
Jedenfalls hofft das das Trick-Dieb-Opfer
Also denkt es sich einen Trick aus – es kann auch ein
    simpler sein

Nur List hilft, denkt der Beklaute – hofft er
Und so schützt jetzt ein Schild seinen Besitz
Es ist eher klein
Und eher ein Witz
‚Videoüberwachung' steht da und der Trick-Dieb denkt:
    kann ja sein

Bis sich der Trick herumgesprochen hat
Schützt er vielleicht für kurze Zeit
Vor dreister Unverfrorenheit
Auch so ein Trick-Dieb kann hereinfallen – auf ein Falsifikat

Ach ja, und auf dem Dach blinkt ein kleines rotes Licht
Nur die Überwachung – die gibt es nicht.

Am Haus

Und wenn eine Weile vergangen ist
Wehrt sich das Opfer
Oder auch nicht
Sich wehren ist besser als sich beschweren
Auch wenn Christenpflicht für Duldung spricht

Eine Freundin hat sich eine Gaspistole gekauft
Und die soll immer in Reichweite liegen
Da komme ich doch lieber wieder auf den Hund zurück
Denn der war selbst ein Trick

Als Rottweiler sah er zwar gefährlich aus
Aber sein Hundeherz hat sich bei jedem Menschen-Anblick
Nur gefreut, er war wie ein lebendes Videoüberwachungs-
    Schild am Haus.

Die Zuversicht

Mit Blick auf die Sonnenblumen beginnt die *siesta*
Der *sabina*-Baum bewegt sich im Wind
Heut ist *Maria de las nieves* und *fiesta*
Wie wunderbar heiß *nieve*-Festtage sind!

Die Guardia-Zivil hat die Klauer geschnappt
"Der Krug, der so lange zum Brunnen geht bis er bricht"
Wurde relativ schnell beim Schöpfen ertappt
Noch wage ich nachts nicht bei offener Tür zu schlafen
    aber sie wächst wieder – die Zuversicht.

Glückspilz

Man könnte mich beneiden
Von all dem vom Schicksal in den Weg gelegten Steinen
Konnte ich die Außenwände des Holzhäuschens schön
    verkleiden
Am geeignetsten waren die handlichen kleinen
Hervorragende Stufen ergaben die schweren
Ich will mich nicht beschweren
Denn an manchen Tagen bin ich stolz auf die Arbeit
Doch dann kommt so ein Trick-Dieb daher und klaut die
    ganze gescheite Zufriedenheit
Also baue ich weiter, ruhe mich nur öfter aus
In dem schönen von Steinen verkleideten Holzhaus und
    mache Gebrauchslyrik daraus
Den Kästner-Spruch: „Auch aus Steinen, die dir in den
Weg gelegt werden, kannst du etwas Schönes bauen"
Zitierte tröstend Monika, meine Freundin
Was für ein Glückspilz ich doch bin!

Genießen

In der Außenküche auf dem Tisch
Steht immer eine Obstschale
Pfirsiche mögen Rebhühner nicht
Aber Äpfel, am liebsten mit roter Schale

Durch das Terrassenfenster werfen sie einen Blick
Alles ist wie immer – registrieren sie
Erizo zieht sich verschlafen in den Schatten zurück
Keiner stört die Morgen-Zeremonie

Bis im Herbst die Jäger schießen
Werden wir unsere kleine Sommer-Idylle genießen.

Wunderwerk

Der *Morning-Glory* beim Wachsen zuzuschauen
Ist das reinste Vergnügen
An der gespannten Schnur hält sie sich fest mit ihren blauen
Fangarmen, die über Schling-Talente verfügen

Die Natur ist ein Wunderwerk
Verwöhnt und beschenkt das ganze Jahr
Nicht ihre Zauberkraft zu erkennen hier auf dem Berg
Wäre wie ein Wesen ohne Sinneswahrnehmungen zu sein

Die Sonnenblumenblätter summen im Wind
Du wolltest uns in deinem Garten
Bewunderung allein macht uns nicht zu blühenden Schön-
    heiten, die wir sind
Regelmäßiges Gießen würden wir schon erwarten.

Gegen das Gesetz

Es ist als hätte meine Bekanntmachung
An der *casita*-Glastür sich herumgesprochen
In Trick-Dieb-Kreisen – nur kurze Zeit ist um
Und ein Bauer fand auf seinem Feld – nach 2 Wochen

Alle Papiere, sogar die Agenda
Brachte sie zur nächsten *tienda*
Die *dueña* rief an, nun sitz ich da
Es gibt mich jetzt doppelt – wunderbar

Selbst zweifache Führerscheininhaberin bin ich jetzt
Großartig, liebe Diebe, wenn ihr zum nächsten Klau ansetzt
Seid ihr im Besitz von Kopien, was meint ihr, das ist gegen
    das Gesetz?

Die *casita*

Seit einiger Zeit lebt eine Eidechse in der *casita*
Ihr neues Zuhause zu verlassen hat sie keine Lust
Essen und Trinken in den Katzennäpfen ist reichlich da
Die Tür steht offen – du musst

Wieder hinausflitzen in dein altes Leben
Schönes kleines Lebewesen, nur den Geckos, deinen
    Verwandten
Hat die Natur Haft-Füße mitgegeben
Und Mauerritzen zum Überwintern sind hier auch nicht
    vorhanden

In der Tier-Hierarchie haben die Katzen das Sagen
Gegen die hast du keine Chance
Du kannst ihnen zwar um dich zu retten deinen Schwanz
    überlassen
Aber was sonst

Mit den Menschen könntest du dich arrangieren
Die Tiernarren sind von dir entzückt
Manche meinen, sie könnten dich domestizieren
Sie sind von deiner Neugierde und Zutraulichkeit beglückt

Aber die Katzen, das sind wie du weißt, unerbittliche Jäger
Du opferst zwar deinen Schwanz bei höchster Gefahr
Aber ein zu enges Zusammenleben, das weiß ein jeder
Ist weder ratsam noch zumutbar

Die Tür steht heute sperrangelweit offen
Um die Mittagszeit halten alle *siesta* im Schatten
Schleck die Milchschüssel leer und mach dich auf die Socken
Für eine so prächtige *lagartija* ist sie nicht groß genug –
    die *casita*.

Lächeln bringt Segen

Das Leben lächelt mich wieder an
Es schickt seine Verführer
Ich lächle zurück so schnell ich kann
Die Natur in ihrer
Ganzen Pracht
Steht mir zur Seite
Wer zu laut lacht
Den bestraft das Leben
Oder gilt das nur für die Zu-spät-Kommenden?
Oder die endlos Klagenden?

Lächeln bringt Segen.

Nicht zu verwechseln

Zu einfach
Nennt eine Kritikerin meine Reimgedichte
Recht hat sie, denn tausendfach
Variiert oder reimt sich jeder Einfall, jede Geschichte

Erfunden oder erlebt, verlacht oder beweint
Nur in diesem Moment
Ist sie einmalig – hat sich gereimt
Ist so impertinent

Zu fordern aufgeschrieben zu werden
Reimen statt bewerten

Nicht mehr der verbreiteten Vorstellung huldigen über alles
    reden zu müssen, tut gut
Selbst bei Trauer und Wut

Ersetzt reimen
Weinen

Selbst-Hilfe pur
Nicht zu verwechseln mit Literatur.

Natur-Gedicht

Die Faszination, auf ein weißes Blatt Papier zu schauen
Fabriziert jedes Mal das Unfassbare
Gedanken bilden Worte und bauen
Ein imaginäres Haus, eine wahre

Zufalls-Konstruktion
Die wächst, sich entfaltet wie ein Traum
Und bald schon
Sucht sie Licht und Ansehen wie ein Baum

Dem keiner sagt, das ist der Plan:
Wachsen ist deine Pflicht
Deine Blüten und Früchte ziehen Bienen an
Im Kreislauf von Werden und Vergehen bist du nur ein
   - Natur-Gedicht -

Weggefährte

Ohne Stift und Papier am Morgen
Ist der Tag noch nicht erwacht
Noch schlafen die Sorgen
In Anbetracht

Der aufkeimenden Morgen-Energie lassen
Neugierige Erwartungen auf den Tag
Die nächtlichen Spukgestalten verblassen
Was immer der Tag bringen mag

Ich lade ihn ein
Weggefährte zu sein.

Wie sie

Ein ungewöhnlicher Nachmittag an einem magischen Ort
Wir sind vier Frauen
Und für Stunden scheinen alle Sorgen fort
geflogen zu sein, nur Wohlbefinden und Vertrauen

Wir tauschen Angesammeltes aus
In diesem alten *pueblo* in einem Haus
Das jahrzehntelang Zufluchtsstätte war
Für Ruhe- und Seelenfrieden-Suchende aus vielen Regionen
Und für eine ganze Schar
Von bunten Kunst-Schöpferinnen vieler Sprachen und
    Nationen

Bald werden andere Menschen hier wohnen
Dass Abschied-Nehmen auch Freude macht, beweist uns
    die wunderbare Eshvari
Heute können wir uns gegenseitig belohnen
Die Insel wird niemals ihren Zauber verlieren solange es
    Menschen und Stätten gibt wie sie.

Ausreichend für ein Gedicht

Puschel sitzt im Bücherregal
Dieses Mal

Hält sie *siesta* hinter Ghandi
Das wäre kein Malheur wenn nicht gerade die

Ghandi-Ausgabe ein Geldversteck wäre – ideal
Innen hohl und folglich für Klauer mühsam zu entdecken

Dass Puschel ausgerechnet hinter dem Ghandi-Safe ruht
Ist einer jener Zufälle der absolut

Bemerkenswert ist – oder nicht?
Auf jeden Fall ausreichend für ein Gedicht.

Vor dem Jüngsten Gerücht

Wenn alle Morgenpflichten erfüllt sind
Ich mich hinsetze um zu beten, pardon zu reimen
Dann bin ich wieder das Kind
Das spielend darf – allein oder mit einem
Mit dem es am liebsten spielen mag
Ich kann mir die Spielkameraden aussuchen – eine Gabe
Ein Privileg – und einst wird kommen der Tag
An dem ich alle Spiele ausprobiert habe

Auf jeden Fall die, die mich freuen
Ich nenne das Genügsamkeit
Maßlosigkeit, eine Todsünde, müsste man bereuen
Und so macht sie bescheiden – die Zeit
Die noch bleibt aus Erden-Sicht
Die Zeit
Vor der Ewigkeit
Vor dem Jüngsten Gerücht.

Lust und Zuversicht

Ohne Zufall keine Geschichten
Ohne die Lust am Zufälligen kein Dichten

Ein Zusammentreffen von Eindruck und Ausdruck
Von Eigen-Lug und -Trug und oft Humbug

Träume, Wünsche und Aberwitzigkeiten
Die einfallen und wieder entgleiten

Der Zufall bringt sie dann ans Licht
Nicht ohne die Bereitschaft zu Lust und Zuversicht.

Ein Schimmer

Was hat Leben und Dichten miteinander zu tun?
Glaube an sich selbst, innere Freiheit?
Redliche Freunde – gegen Schwätzer immun
Nicht mehr zu zweit – unendlich viel Zeit

Ein altes Foto wirft Fragen auf
Wie fühlte sich derjenige in jenem Augenblick?
Erinnerung und Gegenwart im Lebens-Wettrennen statt -Lauf
Und für Sekunden ein Schimmer von Glück.

Oder wie Poesie

Innerhalb kürzester Zeit
Verändern sich Situationen und Wahrnehmungen
Die Zeit der Möglichkeit, der Unabhängigkeit
Scheint grenzenlos zu sein in jenen Zonen

In denen die Phantasie die Alleinherrscherin ist
Sie mischt all die Farben und Formen
Setzt sie neu zusammen und eh du dich versiehst
Erfindet sie neue Normen

Und du träumst von der sogenannten Freiheit
Die dich umschwirrt
Unbegrenzt und himmelweit
Und gleichzeitig weißt du, sie existiert

Nur in deiner Einbildung, deiner Phantasie
In dem Reich von Träumen
Du erreichst sie nie
Sie sind gleich Bäumen
Die in den Himmel wachsen, oder wie Poesie?

Wie die Wellen im Meer

Gedichte sind wie Wunschvorstellungen
Sie existieren in jenen Zeiten und Räumen
In denen Phantasien und Einbildungen
Gestalt annehmen und nicht nur Dichter davon träumen

Ein Leben zu leben als freie Wesen
Im Einklang mit dem Gesetz der Wiederkehr
Alles ist schon immer in vielerlei Gestalten da gewesen
Im Zauberkreis von wohin – woher

Und immer wieder neuen Formen, wie die Wolken am
    Himmel, wie die Wellen im Meer.

Die große Freiheit

Manchmal legt sich Schweigen auf Zunge und Ohren
Dann hilft nur Natur und Beisammensein mit den Tieren
Was in der Erinnerung ruht, geht nicht verloren
Das Gedächtnis macht was es will, darf auch idealisieren

Die große Freiheit besteht im Malen und Fabulieren
Und dieser tiefen Freundschaft
Vertrauen und gegenseitiges Tolerieren
Erzeugt Lebenskraft, die Zuversicht schafft

Dann entstehen aus Farben Bilder und aus Worten Poesie
Oft ein Spiel mit dem Zufall und seiner Gunst
Es führt ein Eigenleben und entgleitet uns, wie unsere Fantasie
Und wenn es gefällt, nennen wir es Kunst.

Von wegen

Mitten in der Nacht
Plötzlich schnurrst du, Erizo
An was hast du gerade gedacht?
Oder hast du geträumt, mein *gatito*?

Träumst immer noch
Wie schnell sich deine Pfoten bewegen
Und wir Menschen glauben doch
Die einzigen träumenden Lebewesen zu sein – von wegen.

Wie das Glück

Die Melancholie ist eine ständige Begleiterin
Wie die Sehnsucht – eine anhängliche Weggefährtin

Begegnen sie ihrer Antagonistin, der Freude
Verabreden sie jedes Mal ein Beisammensein
Nur nicht gleich heute
Die drei Grazien gewähren ihre Dienste jede für sich allein

Oft mit Blick zurück
Doch unzuverlässig – wie das Glück.

Muse statt Mühe

Das Reich der Freiheit
Beginnt erst jenseits des Reichs der Notwendigkeit[*]

Und so beginnt der Tag in aller Frühe
Mit Papier und Stift – Muse statt Mühe

So tun als wäre das Leben ein Spiel
Mit dem Zufall und dem Ziel

Das Spiel immer wieder neu zu beginnen
Um am Ende – des Tages – zu erkennen:

Spielen erfordert Einsatz, denn manchmal möchte man auch
      gewinnen.

[*] Manfred Eigen

Ein Stelldichein

Die Pinienäste bewegen sich im Wind
Schwarz gegen einen fast grünen Himmel
Ich fühle mich aufgehoben im Farben-Hintergrund-Labyrinth
Ein Tag geht zu Ende und

Er ist mit all seinen kleinen Vorkommnissen
Seit deinem plötzlichen Tod ein guter Tag
Er vergeht mit dem Wissen
Was immer kommen mag:

Unser Leben ist einmalig und kann über Nacht zu Ende sein
Dein Tod ist jetzt für mich mit dem Leben ein Stelldichein.

Eine Prophezeiung

Über deinen Inseltick habe ich mich oft lustig gemacht
Alle Urlaube verbrachten wir umgeben von Meer
Hauptsache rundum Wasser, hast du gelacht
Nach der Zelt-Zeit zogen wir einen Wohnwagen hinter uns her

Ich will wissen: darf es auch mal eine Halbinsel sein
Du strahlst: ich habe schon eine im Sinn
Nun ja, etwas weiter weg – aber kein
Problem, mit dem WoWa kommen wir in wenigen Tagen
    dorthin

Ich hatte keine Ahnung wo sie lag, die Halbinsel deiner Wahl
Touris hatten sie noch nicht für sich entdeckt
Zum Schnorcheln sei es da ideal
Du hattest schon entsprechende Unterwasser-Utensilien
    zurechtgelegt

Tuljan verstand sofort, schließlich hieß er „Seehund"
    auf Serbokroatisch – unser Vierbeiner
Du wirst sehen, eines Tages leben wir auf einer
Ich wusste nicht, dass es eine Prophezeiung war.

Glossar

Die Wahlheimat Ibiza der Autorin bedingt ein gelegentliches Sprachgemisch. Da ein Teil seiner Bewohner aus aller Herren Länder kommt, haben Ausdrücke aus dem Spanischen oder Englischen die Sprachgrenzen überwunden. Was jedoch im Kontext der Insel geläufig sein mag, bedarf für Leser aus anderen Regionen vielleicht einer Erklärung.

· *aioli* ist eine aus dem Mittelmeerraum stammende kalte Creme, die vor allem aus Knoblauch, Olivenöl und Salz besteht.

· *algarrobo* ist der trockenheitsresistente Carob- oder Johannisbrotbaum;

· *ardilla* span. Eichhörnchen (hier Name einer der Katzen)

· *balsa* span. für Wasserreservoir zur Bewässerung

· *basura* span. für Müll

· *cala* bezeichnet eine Bucht, häufig mit Sand- oder Kiesstrand, und trägt einen Namen *(Nova)*;

· *camarero* span. Kellner

· *camino* span. (unbefestigter) Weg

· *campo* span. Land, Feld, Bereich

· *can* ist die Vorsilbe, die auf *Ibizenc* den Namen eines Hauses kennzeichnet;

· *casita* ist die Verkleinerungsform des spanischen *casa*, das weit darüber hinaus zu einem beliebten Synonym für Haus geworden ist;

· *chica* span. Mädchen, junge Frau

· *chiringuito* span. Strandkiosk

· *chulo* span. Gauner, Zuhälter; schick, flott

· *claro* span. klar, natürlich

· *culiblanco* span. für Steinschmätzer (Vogel)

· *domingo* span. Sonntag

· *dueña* Besitzerin, Herrin

· *erizo* span. Igel (hier Name eines Katers)

· *fiesta* span. Feiertag

· *finca* hat sich für ein typisches Bauernhaus nach punischem Muster eingebürgert, obwohl es im Spanischen eher für die Gesamtheit bäuerlicher Ländereien steht;

· *gatito* span. Kätzchen

· *Guardia Civil* span. Polizeitruppe

· *halcón* span. Falke

· *hola* span. hallo, lässige Begrüßung

· *jefe* span. für Chef

· *lárgate* span. für hau ab!

· *lo siento* span. es tut mir leid

· *madrina* span. Patentante

· *Maria de las nieves* Unbefleckte Empfängnis (kath. Feiertag)

· *mercado* span. Markt

· *morning glory* eine verbreitete blau blühende Winde, auf die gern auf Englisch Bezug genommen wird

· *multa* span. Bußgeld

· *no perros* span. für ‚keine Hunde‘

· *permiso* span. Erlaubnis, Genehmigung, Schein

· *poder superior* steht für die ‚Höhere Macht';

· *pueblo* span. Dorf, Gemeinde, Volk

· *puput* span. Wiedehopf

· *sabina (span.) savina (katalan.)* Phönizischer Wacholder, Edelholz, das traditionell für Balken verwendet wird

· *sala* ist Wohnzimmer, auch Eingangshalle auf Spanisch;

· *siesta* span. Mittagsruhe

· *tienda* span. Geschäft, Laden

Alphabetisches Verzeichnis der Titel

A

B

C

D

E

F

G

Z

Zur Autorin

Marianne Hartwig wurde im Hunsrück geboren und verbrachte dort ihre Kindheit und frühe Jugend.

Sie betätigte sich u.a. als Designerin, Antiquitätenhändlerin in London und Hamburg. Als Kunsthandwerkerin entwarf sie bildhafte, textile Arbeiten und präsentierte sie zehn Jahre lang auf der Internationalen Frankfurter Messe. Parallel war sie Mitbegründerin einer Hamburger Literaturgruppe und nahm an Lesungen teil, auch innerhalb des Hamburger „Literatrubel" in den 1980er Jahren.

Verheiratet, bis ihr Mann 2009 unerwartet starb, hat sie einen erwachsenen Sohn und lebt mit ihren Katzen vorwiegend auf Ibiza. Sie pendelt jedoch zwischen neuer und alter Heimat, dem Hunsrück, den sie ebenso liebt.

Seit mehr als 25 Jahren schreibt sie vor allem Gedichte und Erzählungen.

Bisher von ihr erschienen:

Wie Sand am Meer: Freud und Leid Gedichte (BoD, Norderstedt, 2009), 192 S., broschiert, ISBN: 9783839111604

Sucht und Sehnsucht: Mit dir und ohne dich (BoD, Norderstedt, 2010), 308 S., brochiert, ISBN: 9783842331402

Balanceakt: Nach der Zeit zu zweit (BoD, Norderstedt, 2011), 199 S., broschiert, ISBN: 9783842383005

Ein Hauch von Zuversicht (BoD, Norderstedt, 2012), 236 S., brochiert, ISBN: 9783848225712

Daheim: Eine ungereimte Kindheit (BoD, Norderstedt, 2014), 288 S., brochiert, ISBN: 9783735756305